El vagabundo
Arena y espuma
Dichos espirituales

El vagabundo
Arena y espuma
Dichos espirituales
KALIL GIBRAN

Traducción de
Nacira Indibo

Clásicos Losada
Primera edición: marzo de 2006
© Editorial Losada, S. A., 2005
Moreno 3362 - 1209 Buenos Aires, Argentina
Fuencarral 45, 2° G, 28004, Madrid, España
T +34 915 234 618
T +34 915 241 122
www.editoriallosada.com
Distribuido por Editorial Losada, S. L.
Calleja de los Huevos, 1, 2° izda. - 33003 Oviedo
Impreso en la Argentina
Traducción: Nacira Indibo
Tapa: Peter Tjebbes
Maquetación: Taller del Sur
Queda hecho el depósito que marca la ley 11.723
Libro de edición argentina
Tirada: 3.000 ejemplares

Gibran, Kalil
El vagabundo. Arena y espuma. Dichos espirituales. - 1ª ed. - Buenos Aires: Losada, 2006. 200 p.; 18 x 12 cm. (Biblioteca Clásica y Contemporánea. Clásicos Losada; 706)

Traducción de: Nacira Indibo
ISBN 950-03-0688-3

1. Literatura Libanesa. I. Indibo, Nacira, trad. II. Título.
CDD 892.3

Este libro se terminó de imprimir
en Indugraf S.A.,
en el mes de mayo de 2006.
www.indugraf.com.ar

Índice

EL VAGABUNDO	11
El vagabundo	13
Lágrimas y risas	14
El ágila y la calandria	15
Las dos princesas	17
La canción de amor	18
Vestiduras	19
En la feria	20
El ermitaño y las bestias	21
El resplandeciente destello	22
El profeta y el niño	23
La perla	25
Cuerpo y alma	26
El rey	27
Sobre la arena	31
Los tres regalos	32
Paz y guerra	34
La bailarina	35
Los dos ángeles guardianes	36
La estatua	38
El intercambio	39
Amor y odio	40
Sueños	41
El loco	42

Los sapos	43
Las leyes y lo legislativo	45
Ayer, hoy y mañana	46
El filósofo y el remendón	47
Constructores de puentes	48
La tierra de Zaad	50
El cinturón dorado	52
La tierra roja	54
La luna llena	55
El profeta ermitaño	56
El viejo, viejo vino	57
Los dos poemas	58
Lady Ruth	60
El ratón y el gato	61
La maldición	62
Las granadas	63
Un Dios y varios dioses	64
La que era sorda	66
La búsqueda	68
El cetro	70
La senda	71
La ballena y la mariposa	73
Paz contagiosa	74
La sombra	76
Setenta	77
Encontrar a Dios	78
El río	79
Los dos cazadores	80
El otro vagabundo	82
ARENA Y ESPUMA	83

DICHOS ESPIRITUALES	125
Dichos	127
Las nueve desdichas	139
Las artes de las naciones	145
La filosofía de la lógica	163
Un mar más grande	167
El fez y la independencia	170
Assilban	172
Vuestro Líbano y el mío	186
La historia de la virgen	192
Vuestro pensamiento y el mío	196

El vagabundo

El vagabundo

Lo encontré en la ruta, un hombre sin otra cosa excepto una capa y un bastón, y un velo de tristeza sobre su rostro. Y nos saludamos. Y también le dije: "Ven a mi casa y sé mi huésped".

Y él fue.

Mi esposa y mis hijos nos recibieron desde el portal y él les sonrió, y se regocijaron con su llegada.

Entonces nos sentamos todos juntos a la mesa y nos sentimos felices con aquel hombre, porque había silencio y misterio en él.

Y, luego de comer, nos reunimos junto al hogar y le pregunté acerca de sus andanzas.

Nos relató muchos cuentos aquella noche, y también al día siguiente, pero lo que yo recuerdo ahora es aquello que nació de la amargura de sus días, a pesar de haber sido él gentil; y estos cuentos hablan del polvo y de la paciencia de su ruta.

Y cuando nos dejó, luego de tres días, no sentimos que un huésped había partido, sino que uno de nosotros aún se hallaba en el jardín y faltaba que entrara todavía.

Lágrimas y risas

En la ribera del Nilo, al atardecer, una hiena encontró a un cocodrilo; ambos se detuvieron y se saludaron.

La hiena habló y dijo: "¿Cómo lo estás pasando, señor?".

Y el cocodrilo respondió: "Mal. A veces en mi tristeza y dolor lloro, y entonces las criaturas dicen: 'No son sino lágrimas de cocodrilo'. Y esto me hiere hasta lo indecible".

Entonces la hiena habló: "Tú hablas de vuestro dolor y tristeza, mas, pensad en mí por un momento. Yo me admiro de la belleza del mundo, de sus prodigios y milagros, y desbordada de alegría me río, aun cuando el día se ríe. Y la gente de la jungla dice: 'No es sino la risa de una hiena'".

El águila y la calandria

Un águila y una calandria se encontraron sobre una roca en lo alto de una colina. La calandria dijo: "Buen día tengas, señor". Y el águila, contemplándola desde lo alto, dijo lánguidamente "Buenos días".

Entonces la calandria dijo: "Espero que todas sus cosas estén bien, señor". "Sí", dijo el águila, "todo está bien. Pero, ¿no sabes que somos los reyes de las aves y que no debes dirigirte a nosotros antes de que hayamos hablado?"

Dijo la calandria :"Yo pienso que pertenecemos a la misma familia".

El águila la contempló desdeñosamente y dijo: "¿Y quién ha dicho acaso que tú y yo somos de la misma familia?".

Entonces respondió la calandria: "Te recordaré solamente esto; yo puedo volar tan alto como tú, y puedo cantar y deleitar a las criaturas de esta tierra. Y tú no das ni placer ni deleite".

Entonces enfurecida el águila dijo: "¡Placer y deleite! ¡Tú, pequeña y presumida criatura! Con un solo golpe de mi pico podría destruirte. Apenas si tienes el tamaño de mi pie".

La calandria se elevó y posó sobre la espalda del águila y comenzó a picotear sus plumas. El águila furiosa voló rauda hacia lo alto para deshacerse del pequeño pájaro. Pero falló en su intento. Por último se arrojó contra la roca de la alta colina, más atormentada que nunca, con la pequeña criatura aún sobre su espalda, y blasfemando contra la suerte que le tocaba en ese momento.

En esos instantes una tortuga se acercó y rió ante esa escena, y rió tan fuerte que casi vuelca sobre sus espaldas.

Y el águila, observándola con presunción, dijo a la tortuga: "Tú, lento ser reptante como ninguno de la tierra, ¿de qué te ríes?".

Y la tortuga dijo: "Porque te veo convertida en caballo y conducida por un ave pequeña; mas, la pequeña ave es la mejor de las aves".

Y el águila dijo: "Ocúpate de tus asuntos. Eso es una cuestión de familia, entre mi hermana, la calandria, y yo".

Las dos princesas

En la ciudad de Shawakis vivía un príncipe amado por todos, hombres, mujeres y niños. Aun los animales del campo se acercaban a él para saludarle.

Sin embargo la gente decía que su esposa, la princesa, no le amaba, y aun más, que lo odiaba.

Cierto día, la princesa de una ciudad vecina llegó a visitar a la princesa de Shawakis. Y, sentadas, conversaron, y sus palabras derivaron hacia sus esposos. La princesa de Shawakis dijo con pasión: "Envidio tu felicidad con el príncipe, tu esposo, a pesar de tantos años de matrimonio. Yo odio a mi esposo, no me pertenece a mí sola y soy la más infeliz de las mujeres".

La princesa de visita, mirándola, dijo: "Amiga mía, la verdad es que tú amas a tu esposo. Sí, y aún sientes por él una pasión viva. Y eso es vida para una mujer, como la primavera para un jardín. En cambio, apiádate de mí y de mi esposo, pues nos soportamos en paciente silencio. Y, sin embargo, tú y los otros consideran a esto felicidad".

La canción de amor

Cierta vez un poeta escribió una canción de amor y era hermosa. E hizo muchas copias de ella y las envió a sus amigos y conocidos, hombres y mujeres, y también a una joven a la que había visto sólo una vez, y que vivía al otro lado de la montaña.

Pasados un día o dos, un mensajero de la joven llegó trayendo una carta. Y en la carta ella decía: "Permíteme asegurarte que estoy profundamente emocionada por la canción de amor que escribiste para mí. Ven ya mismo, y conoce a mi padre y a mi madre, y haremos juntos los preparativos para los esponsales".

El poeta contestó la carta diciendo: "Amiga mía, no era sino una canción de amor brotada del corazón de un poeta, cantado por todo hombre y a toda mujer".

Y ella le escribió otra vez diciendo: "¡Hipócrita y mentiroso de palabras! Desde este día hasta el de mi entierro odiaré a todos los poetas en memoria tuya".

Vestiduras

Cierto día Belleza y Fealdad se encontraron a orillas del mar. Y se dijeron: "Bañémonos en el mar".

Entonces se desvistieron y nadaron en las aguas. Instantes más tarde, Fealdad regresó a la costa y se vistió con las ropas de Belleza, y luego partió.

Belleza también salió del mar, pero no halló sus vestiduras, y era demasiado tímida para quedarse desnuda, así que se vistió con la ropa de Fealdad. Y Belleza también siguió su camino.

Y hasta hoy día hombres y mujeres confunden la una con la otra.

Si embargo, algunos hay que contemplan el rostro de Belleza y saben que no lleva sus vestiduras. Y algunos otros que conocen el rostro de Fealdad, y sus ropas no lo ocultan a sus ojos.

En la feria

Desde la campiña llegó a la feria una niña muy bonita. En su rostro había un lirio y una rosa. Había ocaso en su cabello, y el amanecer sonreía en sus labios.

Ni bien la hermosa extranjera apareció ante sus ojos, los jóvenes se asomaron y la rodearon. Uno deseaba bailar con ella, y otro cortar una torta en su honor. Y todos deseaban besar su mejilla. Después de todo, ¿no se trataba acaso de una Bella Feria?

Mas la niña se sorprendió y molestó y pensó mal de los jóvenes. Los reprendió y encima golpeó en la cara a uno o dos de ellos. Luego huyó.

En el camino a casa, aquella tarde, decía en su corazón: "Estoy disgustada. ¡Qué groseros y mal educados son estos hombres! Sobrepasan toda paciencia".

Y pasó un año, durante el cual la hermosa niña pensó mucho en Ferias y hombres. Entonces regresó a la Feria con el lirio y la rosa en su rostro, el ocaso en su cabello y la sonrisa del amanecer en sus labios.

Pero ahora los jóvenes, viéndola, le dieron la espalda. Y permaneció todo el día ignorada y sola.

Y, al atardecer, mientras marchaba camino a su casa, lloraba en su corazón "Estoy disgustada. ¡Qué groseros y mal educados son estos hombres! Sobrepasan toda paciencia".

El ermitaño y las bestias

Cierta vez vivió un ermitaño en medio de las verdes colinas. Era puro de espíritu y blanco de corazón. Y todos los animales de la tierra y todas las aves del cielo se llegaban hasta él en parejas, y él les hablaba. Lo escuchaban alegremente, reuniéndose junto a él, y no partían hasta la noche, momento en que el ermitaño los despedía, confiándolos al viento y al bosque con su bendición.

Una tarde, mientras hablaba acerca del amor, un leopardo levantó la cabeza y dijo al ermitaño: "Nos hablas de amor. Dinos, señor, ¿dónde está tu compañera?". Y el ermitaño contestó: "No tengo compañera".

Entonces un gran grito de sorpresa se elevó del coro de bestias y aves, y comenzaron a decirse unos a otros: "¿Cómo puede él hablarnos sobre el amor y el compañerismo cuando él mismo no sabe nada acerca de ello?". Y, lentamente, con actitud desdeñosa lo abandonaron.

Aquella noche, el ermitaño se echó sobre su estera, el rostro hacia la tierra, y lloró amargamente y golpeó las manos contra su pecho.

El resplandeciente destello

Un día de tormenta estaba un obispo cristiano en su catedral, y se le acercó una mujer no cristiana y dijo: "Yo no soy cristiana. ¿Existe salvación del fuego del infierno para mí?".

El obispo miró y respondió: "No, sólo se salvan los bautizados de agua y espíritu".

Y mientas aún hablaba, un rayo cayó del cielo con estruendo sobre la catedral, y ésta fue invadida por el fuego.

Y los hombres de la ciudad llegaron corriendo y salvaron a la mujer, pero el obispo se consumió, alimento del Fuego.

El profeta y el niño

Cierto día, el profeta Sharia encontró a un niño en el jardín. El niño corrió hacia él y dijo: "Buenos días, señor". Y el profeta contestó: "Buenos días tengas tú, señor". Y un momento después: "Veo que estás solo".

El niño respondió riendo con agrado: "Me llevó mucho tiempo perder a mi nodriza. Ella piensa que me escondí tras aquellas matas; pero, ¿puedes tú ver que estoy aquí?". Luego, elevando la mirada hasta el rostro del profeta, dijo: "Tú también te hallas solo. ¿Qué hiciste con tu nodriza?".

Y el profeta contestó: "Ah, se trata de algo diferente. En verdad, no puedo perderla muy a menudo. Mas, ahora, cuando llegué a este jardín, ella también me buscaba tras las matas".

El niño aplaudió y gritó: "¡Entonces tú te encuentras perdido como yo! ¿No es bueno estar perdido?". Y luego: "¿Quién eres?".

Y el hombre respondió: "Me llaman el profeta Sharia. Y dime: ¿quién eres tú?". "Yo soy sólo yo", dijo el niño, "y mi nodriza me busca y no sabe dónde estoy". El profeta se levantó diciendo: "Yo también me he escapado de mi nodriza por un rato, pero ella me encontrará".

Y el niño habló: "Sé que la mía también me hallará".

En ese momento se oyó una voz de mujer pronunciando el nombre del niño: "¿Ves?", dijo el niño, "Te advertí que me encontraría".

Y en el mismo instante otra voz se escuchó: "¿Dónde estás, Sharia?". Y el profeta dijo: "Ves, mi niño, me hallaron a mí también".

Y, volviendo su rostro hacia lo alto, Sharia respondió: "Heme aquí".

La perla

Dijo una ostra a otra ostra vecina: "Siento un gran dolor dentro mío. Es pesado y redondo y me lastima".

Y la otra ostra replicó con arrogante complacencia: "Alabados sean los cielos y el mar. Yo no siento dolor dentro mío. Me siento bien e intacta por dentro y por fuera".

En este momento, un cangrejo que por allí pasaba escuchó a las dos ostras, y dijo a la que estaba bien por dentro y por fuera: "Sí, te sientes bien e intacta; mas el dolor que soporta tu vecina es una perla de inigualable belleza".

Cuerpo y alma

Un hombre y una mujer se sentaron junto a una ventana abierta a la primavera. Se sentaron uno junto al otro. Y la mujer dijo: "Te amo. Eres buen mozo y rico, y estás siempre bien ataviado".

Y el hombre dijo: "Te amo. Tú eres un pensamiento bello, algo demasiado etéreo para sostenerlo en la mano, y una canción durante mi sueño".

Mas la mujer se levantó con furia y replicó: "Señor, por favor dejadme ya. No soy un pensamiento, ni una cosa que pasa por tus sueños. Soy una mujer. Preferiría que me desearas como esposa y madre de niños no nacidos aún".

Y se separaron.

Y el hombre hablaba en su corazón: "He aquí otro sueño transformado en bruma".

Y la mujer decía: "Bien, ¿Y qué, un hombre que me transforma en bruma y sueños?".

El rey

La gente del Reino de Sadik rodeó el palacio de su rey gritando en rebelión contra él. Y el rey descendió la escalera del palacio portando su corona en una mano y su cetro en la otra. La majestuosidad de su presencia silenció a la multitud, y, deteniéndose frente a ellos, dijo: "Amigos míos, puesto que no sois más mis súbditos he aquí que os restituyo mi corona y mi cetro. Seré uno de vosotros. Soy solamente un hombre, mas como tal trabajaré junto a vosotros y nuestra tierra crecerá mejor. No existe necesidad de un rey. Vayamos, pues, a los campos y viñedos y trabajaremos mano a mano. Sólo debéis indicarme a qué prado o viñedo debo dirigirme. Todos vosotros sois ahora el rey".

Y el pueblo se maravilló, y el silencio los cubrió; pues el rey, a quien juzgaban la causa de su descontento, les restituía la corona y el cetro, y se transformaba en uno de ellos.

Luego todos y cada uno siguieron su camino, y el rey se dirigió al prado acompañado por un hombre.

Mas el Reino de Sadik no marchaba sin un rey, y el velo del descontento aún permanecía sobre la tierra. La gente gritaba en el mercado diciendo que debían ser gobernados y que debían tener un rey que los dirigiera. Y los ancianos y los jóvenes decían al unísono: "Tendremos nuestro rey".

Y buscaron al rey; lo encontraron afanándose en el campo, y lo llevaron hasta su trono devolviéndole la corona y el cetro. Y así hablaron: "Ahora gobiérnanos con grandeza y con justicia".

Y él respondió: "Ciertamente los gobernaré con grandeza, y quieran los dioses del Paraíso y la tierra ayudarme para que también os gobierne con justicia". Entonces llegaron hasta su presencia hombres y mujeres, para hablarle sobre un barón que los maltrataba y de quien eran sólo esclavos. De inmediato el rey llamó al barón junto a él y le dijo: "La vida de un hombre pesa como la vida de cualquier otro en la escala de Dios. Y porque tú no sabes pesar la vida de quienes trabajan tus tierras y tus viñedos, quedas desterrado y abandonarás este reino para siempre".

Al día siguiente llegó otro grupo hasta el rey y habló de la cruel condesa del otro lado de las colinas, y de cómo los había conducido a la miseria. De inmediato la condesa fue traída hasta la corte y el rey también la sentenció al destierro diciendo: "Aquellos que labran nuestros campos y cuidan nuestros viñedos son más nobles que nosotros, quienes comemos el pan preparado por ellos y bebemos el vino de sus lagares. Y porque tú no lo sabes, dejarás esta tierra y vivirás lejos de este reino".

Luego vinieron hombres y mujeres, diciendo que el obispo les hacía traer piedras y esculpirlas para la catedral, mas no les había pagado, pese a que el cofre del obispo se hallaba repleto de oro y plata, mientras ellos mismos se encontraban vacíos y hambrientos.

El rey requirió la presencia del obispo, y cuando lo tuvo frente a sí, dijo: "Esa cruz que usas sobre tu pecho debería significar dar vida a la vida. Mas, tú has tomado la vida y devuelto nada, por lo que abandonarás este reino para nunca regresar".

Y así cada día, hasta el tiempo de la luna llena, hombres y mujeres llegaba hasta el rey para contarte sobre las cargas que pesaban sobre ellos. Y cada día, y todos los días de una luna entera, algún opresor era exiliado de esta tierra.

El pueblo de Sadik estaba maravillado, y había alegría en sus corazones.

Y cierto día los ancianos y los jóvenes rodearon la torre del rey y pidieron por él. Él descendió llevando la corona en una mano y el cetro en la otra.

Y les habló diciendo: "Ahora, ¿qué queréis de mí? Tened, os devuelvo lo que vosotros deseasteis que yo tuviera".

Mas ellos gritaron: "¡No! ¡No! Tú eres nuestro correcto rey. Has limpiado la tierra de víboras y convertido en nada a los lobos, y venimos a cantarte nuestro agradecimiento. La corona es vuestra en majestad y el cetro es vuestro en gloria".

Y el rey respondió: "¡Yo no! Vosotros mismos sois el rey. Cuando me juzgaron incapaz y mal gobernante vosotros mismos erais incapaces e ingobernables. Y ahora la tierra crece bien porque está en vuestra voluntad el hacerlo. Yo no existo sino en vuestras acciones. No existe una persona gobernante. Existen sólo los gobernantes que se gobiernan a sí mismos".

El rey retornó a la torre con su corona y su cetro. Y los ancianos y los jóvenes tomaron sus diferentes caminos sintiéndose felices.

Y cada uno de ellos se imaginó a sí mismo un rey con la corona en una mano y el cetro en la otra.

Sobre la arena

Un hombre dijo a otro: "Tiempo ha, durante la marea alta, escribí una línea sobre la arena con la punta de mi bastón; y la gente aún se detiene a leer con cuidado que nada la borre".

Y el otro hombre contestó: "Yo también escribí sobre la arena, pero en tiempo de marea baja y las olas del vasto mar la lavaron. Pero dime ¿qué habéis escrito?". Y el primer hombre respondió: "Escribí: Soy aquel que es. Y tú, ¿qué habéis escrito?".

El otro hombre dijo: "Esto: Soy sólo una gota de inmenso océano".

Los tres regalos

Cierta vez en la ciudad de Bsharré vivía un agraciado príncipe que era amado y honrado por todos sus súbditos.

Pero había un hombre, pobre en demasía, que lo odiaba y que meneaba continuamente su pestilente lengua con absoluto desprecio.

El príncipe lo sabía, mas él era paciente.

Pera al fin el príncipe reparó en él, y una noche invernal, un sirviente llegó a la puerta del hombre cargando un saco de harina, una bolsa de jabón y un cono de azúcar.

Y el siervo dijo: "El príncipe os envía estos tres regalos en memoria suya".

El hombre se regocijó creyendo que los regalos eran un mensaje del príncipe. Y orgulloso corrió hasta el obispo y le contó lo hecho por el príncipe: "¿No veis cómo el príncipe desea mi buena voluntad?".

Mas el obispo respondió: " ¡Oh, qué sabio es el príncipe, y qué poco comprendes! Él habla con símbolos. La harina es para llenar tu estómago vacío; el jabón para lavar tu suciedad oculta, y el azúcar para endulzar tu lengua amarga".

Desde aquel día el hombre se avergonzó aun ante sí mismo. Su odio contra el príncipe se acrecentó como nunca, y aún más odió al obispo que le había revelado al príncipe.

Mas, desde entonces, permaneció en silencio.

Paz y guerra

Tres perros tomaban sol y conversaban.

El primer perro dijo entre sueños: "Es realmente maravilloso vivir en estos días en que reinan los perros. Consideren la facilidad con que viajamos bajo el mar, sobre la tierra y aun en el cielo. Y mediten por un momento sobre las invenciones creadas para el confort de los perros, para nuestros ojos, oídos y narices".

Y el segundo perro habló y dijo: "Comprendemos más el arte. Ladramos a la luna más rítmicamente que nuestros antepasados. Y cuando nos contemplamos en el agua vemos que nuestros rostros son más claros que los de ayer".

Entonces el tercero dijo: "Pero lo que a mí más me interesa y entretiene mi mente, es la tranquila comprensión existente entre los diferentes reinados de perros".

En ese momento vieron que el cazador de perros se acercaba.

Los tres perros dispararon y se escabulleron calle abajo, y, mientras corrían, el tercer perro dijo: "¡Por Dios! Corred por vuestras vidas. La civilización viene detrás nuestro".

La bailarina

Cierta vez, una bailarina con sus músicos había arribado a la corte del príncipe de Birkasha. Y, admitida en la corte, bailó ante el príncipe al son del laúd y la flauta y la cítara.

Bailó la danza de las llamas, y la danza de las espadas y las lanzas; bailó la danza de las estrellas y la danza del espacio. Y, por último, la danza de las flores al viento. Luego se detuvo ante el trono del príncipe y dobló su cuerpo ante él. Y el príncipe solicitó que se acercara, y dijo: "Hermosa mujer, hija de la gracia y del encanto, ¡desde cuándo existe tu arte? ¿Y cómo es que dominas todos los elementos con tu ritmo y tus rimas?".

Y la bailarina, inclinándose nuevamente ante el príncipe, dijo: "Poderosa y agraciada Majestad, desconozco la respuesta a tus preguntas. Sólo esto sé: "El alma del filósofo habita en su cabeza; el alma del poeta en su corazón; el alma del cantor persiste en su garganta; mas, el alma de la bailarina late en todo su cuerpo".

Los dos ángeles guardianes

Una tarde dos ángeles se encontraron ante la puerta de una ciudad, se saludaron y conversaron.

Un ángel preguntó: "¿Qué estáis haciendo en estos días y qué trabajo te ha sido asignado?".

Y el otro respondió: "Me ha sido encomendada la custodia de un hombre caído en el pecado que vive abajo en el valle, un gran pecador, el más depravado. Te aseguro que es una importante misión y que trabajo arduamente".

El primer ángel dijo: "Esa misión es fácil. He conocido muchos pecadores y he sido su guardián numerosas veces. Mas ahora me ha sido asignado el ser guardián de un buen hombre que habita al otro lado de la enramada. Y te aseguro que es un trabajo excesivamente difícil y demasiado sutil".

Dijo el otro ángel: "Eso no es más que presunción. ¿Cómo puede ser que custodiar a un santo sea más difícil que custodiar a un pecador?".

Y el primero respondió: "¡Qué impertinente llamarme presuntuoso! He afirmado solo la verdad. ¡Creo que tú eres el presuntuoso!"

De ahí en más los ángeles riñeron y pelearon, al principio de palabra y luego con puños y alas.

Mientras peleaban apareció un arcángel. Los detuvo y preguntó: "Por qué peleáis? ¿De qué se trata?

¿Acaso no sabéis que es impropio que los ángeles guardianes peleen frente a las puertas de la ciudad? Decidme: ¿por qué el desacuerdo?".

Ambos hablaron al unísono, cada uno arguyendo que su trabajo era el más difícil y que les correspondía el premio mayor.

El arcángel sacudió la cabeza y meditó:

Luego dijo: "Amigos míos, no puedo dilucidar ahora cuál de vosotros es el más merecedor de honor y recompensa. Mas, desde que se ha dado poder, y en bien de la paz y el buen custodiar, doy a cada uno de vosotros el trabajo del otro, ya que insistís en que la ocupación del otro es la más fácil. Ahora marchaos lejos de aquí y sed felices en vuestros oficios".

Los ángeles, así ordenados, tomaron sus respectivos caminos. Pero cada uno volvía la cabeza mirando con gran enojo al arcángel. Y en sus corazones decían: "¡Oh estos arcángeles! ¡Cada día vuelven la vida más y más difícil para nosotros los ángeles!"

Pero el arcángel se detuvo y una vez más se puso a meditar. Y dijo en su corazón: "Debemos, en verdad, ser cautelosos y montar guardia sobre nuestros ángeles guardianes".

La estatua

Cierta vez, entre las colinas, vivía un hombre poseedor de una estatua cincelada por un anciano maestro. Descansaba contra la puerta, de cara al suelo. Y él nunca prestaba atención.

Un día pasó frente a su casa un hombre de la ciudad, un hombre de ciencia. Y, advirtiendo la estatua, preguntó al dueño si la vendía.

Riéndose, el dueño respondió: "¿Quién desearía comprar esa horrible y sucia estatua?".

El hombre de la ciudad dijo: "Te daré esta pieza de plata por ella". El otro quedó atónito pero agradado.

La estatua fue trasladada a la ciudad sobre el lomo de un elefante. Y luego de varias lunas el hombre de las colinas visitó la ciudad, y, mientras caminaba por las calles, vio una multitud ante un negocio, y a un hombre que a voz en cuello gritaba: "Acercaos y contemplad la más hermosa, la más maravillosa estatua del mundo entero. Solamente dos piezas de plata para admirar la más extraordinaria obra maestra".

Al instante, el hombre de las colinas pagó dos piezas de plata y entró en el negocio para ver la estatua que él mismo había vendido por una sola pieza de ese mismo metal.

El intercambio

Una vez en el cruce de un camino, un Poeta pobre encontró a un rico Estúpido y conversaron. Y todo lo que decían revelaba el descontento de ambos.

Entonces el Ángel del Camino se acercó y posó su mano sobre el hombro de los dos hombres. Y, creedlo, un milagro; ambos intercambiaron sus posesiones.

Y se alegraron. Pero, cosa difícil de relatar, el Poeta miró y encontró sólo una arena movediza seca en su mano, y el Estúpido cerró sus ojos y sintió nada más que nubes movedizas en su corazón.

Amor y odio

Una mujer dijo a un hombre: "Te amo". Y el hombre respondió: "Mi corazón se cree merecedor de tu amor".

Y la mujer habló: "¿No me amas?". Y el hombre sólo elevó sus ojos hacia ella y calló.

Entonces la mujer gritó: "Te odio". Y el hombre dijo: "Pues, entonces, mi corazón también es merecedor de tu odio".

Sueños

Un hombre soñó un sueño, y, cuando despertó, visitó a su adivino y quiso que su sueño fuera interpretado por él.

Y el adivino dijo al hombre: "Ven a mí con los sueños que contemplas en tus momentos despiertos y te explicaré sus significados. Pero los sueños de tu dormir no pertenecen a mi sabiduría ni a tu imaginación".

El loco

Fue en el jardín de un manicomio que conocí a un joven de rostro pálido y hermoso y lleno de encanto.

Y sentándome a su lado sobre un banco, le pregunté: "¿Por qué estás aquí?". Me miró asombrado y respondió: "Es una pregunta inadecuada, sin embargo, contestaré. Mi padre quiso hacer de mí una reproducción de sí mismo; también mi tío. Mi madre deseaba que fuera la imagen de su ilustre padre. Mi hermana mostraba a su esposo navegante como el ejemplo perfecto a seguir. Mi hermano pensaba que debía ser como él, un excelente atleta.

Y mis profesores, como el doctor de filosofía, el de música, y el de lógica, ellos también fueron terminantes, y cada uno quiso que fuera el reflejo de sus propios rostros en un espejo".

"Por eso vino a este lugar. Lo encontré más sano. Al menos puedo ser yo mismo".

En seguida se volvió hacia mí y dijo: "Pero dime, ¿te condujeron a este lugar la educación y el buen consejo?".

Yo respondí: "No, soy un visitante".

Y él añadió: "Oh, tú eres uno de los que vive en el manicomio, del otro lado de la pared".

Los sapos

Cierto día de verano un sapo dijo a su compañero: "Temo que la gente que vive en aquella casa de la costa esté molesta por nuestro canto".

Y su compañero respondió: "Bueno, ¿acaso no nos molestan ellos con sus conversaciones durante nuestro silencio diurno?".

El sapo dijo: "No olvidemos que a veces cantamos demasiado por la noche". Y su amigo respondió: "No olvidemos que ellos charlan y gritan mucho más durante el día".

Dijo entonces el sapo: "¿Y qué hay del escuerzo que molesta a todo el vecindario con su croar prohibido por Dios?".

Y su amigo replicó: "Mas, ¿qué me dicen del político y el sacerdote y el científico que llegan a estas costas y pueblan el aire con ruidosos y arrítmicos sonidos?".

Entonces el primero dijo: "Bien, pero seamos mejores que estos seres humanos. Guardemos silencio por la noche y mantengamos las canciones en nuestros corazones, aun cuando la luna reclame nuestro ritmo y las estrellas nuestra rima. Al menos callemos por una noche, o dos, o aun por tres noches".

Y su compañero dijo: "Muy bien, estoy de acuerdo. Veremos qué nos trae después tu generoso corazón".

Aquella noche los sapos callaron y permanecieron silenciosos la noche siguiente y nuevamente la tercera noche.

Y, aunque difícil de relatar, la mujer charlatana que vivía en la casa junto al lago bajó por el desayuno al tercer día y gritó a su marido: "No he dormido estas tres noches. Me sentía segura durmiendo con el canto de los sapos en mis oídos. Pero algo debe haber sucedido. Pues, no han cantado.por tres noches, y estoy medio loca por falta de sueño".

El sapo oyó esto, y, volviéndose hacia su compañero, dijo guiñando un ojo: "Y nosotros casi enloquecemos por nuestro silencio, ¿no es cierto?".

Y su compañero respondió: "Sí, el silencio de la noche pesaba sobre nosotros. Y ahora me doy cuenta de que no es necesario cesar nuestro canto para la comodidad de aquellos que necesitan llenar su vacío con ruidos".

Y aquella noche la luna no reclamó vanamente sus ritmos, ni las estrellas sus rimas.

Las leyes y lo legislativo

Años atrás existía un poderoso rey, que también era sabio. Y tuvo el deseo de redactar leyes para sus súbditos.

Convocó a mil hombres sabios pertenecientes a mil tribus diferentes y los hizo venir a su castillo para redactar las leyes.

Y ellos cumplieron con su trabajo.

Pero cuando las mil leyes escritas sobre pergamino fueron entregadas al rey, y luego de éste haberlas leído, lloró amargamente en su alma, pues ignoraba que hubiera mil formas de crimen en su reino.

Entonces llamó a su escriba, y con una sonrisa en los labios, él mismo dictó sus leyes. Y éstas no fueron más que siete.

Y los mil hombres sabios se retiraron enojados y regresaron a sus tribus con las leyes que habían redactado. Y cada tribu obedeció las leyes de sus hombres sabios. Por ello es que poseen mil leyes, aún en nuestros días.

Es un gran país pero tiene mil cárceles y las prisiones están llenas de mujeres y hombres, infractores de mil leyes.

Es realmente un gran país, pero ese pueblo desciende de mil legisladores y de un solo rey sabio.

Ayer, hoy y mañana

Dije a mi amigo: "Tú la ves descansando sobre el brazo de aquel hombre. Fue sólo ayer que descansaba sobre mi brazo".

Y mi amigo dijo: "Y mañana posará sobre el mío".

Dije: "Mírala sentada junto a él. Fue sólo ayer que se sentaba junto a mí". Y él respondió: "Mañana se sentará a mi lado".

Dije: "Observa, bebe vino de su copa y ayer bebía de la mía". Y él agregó: "Mañana, de mi copa".

Entonces dije: "Mira cómo lo contempla con amor y ojos entregados. Ayer mismo me contemplaba así".

Y mi amigo dijo: "Mañana me contemplará a mí".

Pregunté: "¿No la oyes murmurar canciones de amor en sus oídos? Y mi amigo contestó: "Y mañana las susurrará en los míos".

Y dije: "Pero mira. Está abrazándolo. No fue sino ayer que me abrazaba a mí". Y mi amigo dijo: "Me abrazará a mí mañana".

Entonces agregué: "¡Qué mujer extraña!"

Mas, él me respondió: "Ella es como la vida, poseída por todos los hombres; y como la muerte, conquista a todos los hombres; y como la eternidad, ella envuelve a todos los hombres".

El filósofo y el remendón

Un filósofo llegó un día al negocio de un remendón con unos zapatos gastados. Y el filósofo dijo al remendón: "Por favor, remienda mis zapatos".

Y el zapatero respondió: "Ahora estoy remendando zapatos de otros hombres, y hay todavía más para reparar antes de que pueda ocuparme de los tuyos. Pero deja tus zapatos aquí, y usa este otro par por hoy, y ven mañana a buscar los tuyos".

El filósofo indignado protestó: "No uso zapatos que no son míos".

Y el remendón dijo: "Pues bien, ¿en verdad eres tú un filósofo y no puedes cubrir tus pies con zapatos de otros hombres? Al final de esta calle hay otro remendón que comprende a los filósofos mejor que yo. Recurre a él para remiendos".

Constructores de puentes

En Antioquía donde el río Assi corre a encontrarse con el mar, se construyó un puente para acercar una mitad de la ciudad a la otra mitad. Fue construido con enormes piedras cargadas desde lo alto de las colinas sobre el lomo de las mulas de Antioquía.

Cuando el puente fue terminado se grabó sobre el pilar en griego y arameo: "Este puente fue construido por el Rey Antiochus II".

Y toda la gente cruzó el buen puente sobre el manso río Assi.

Una tarde, un joven, temido por algunos como un poco loco, descendió hasta el pilar donde se habían grabado las palabras, y las cubrió con carbón y escribió por encima: "Las piedras del puente fueron traídas desde las montañas por mulas. Al pasar de ida o de vuelta sobre el puente están cabalgando sobre los lomos de las mulas de Antioquía, constructoras de este puente".

Y cuando la gente leyó lo que el joven había escrito, algunos se rieron y otros se maravillaron. Y uno dijo: "Ah, sí, sabemos quién hizo esto. ¿No fue acaso un pequeño loco?".

Pero una mula, dijo, riéndose, a otra mula: "¿No recuerdas acaso que verdaderamente nosotras acarreamos esas piedras? Y, sin embargo, hasta ahora se decía que el puente lo había construido el Rey Antiochus".

La tierra de Zaad

Camino a Zaad un viajante encontró a un hombre que vivía en una villa vecina; y el viajante, apuntando con su mano hacia una vasta extensión de tierra, preguntó al hombre, diciendo: "¿No fue éste el campo de batalla donde el Rey Ahlam venció a sus enemigos?".

Y el hombre respondió: "Nunca ha sido campo de batalla. Una vez existió sobre esta tierra la gran ciudad de Zaad, incendiada luego hasta quedar cenizas. Pero ahora es tierra buena, ¿no es así?".

Y el viajante y el hombre se separaron.

Casi media milla más lejos el viajante encontró a otro hombre, y, señalando hacia el campo otra vez, dijo: "Así que allí es donde la gran ciudad de Zaad se estableció". Y el hombre dijo: "Jamás existió ciudad alguna en este lugar. Pero sí hubo un monasterio que fue destruido por el pueblo de South Country".

Un rato más tarde, en la misma ruta a Zaad, el viajante encontró a un tercer hombre, y apuntando otra vez hacia la tierra dijo: "¿Es verdad que ése es el lugar donde una vez hubo un gran monasterio?".

Pero el hombre respondió: "Nunca existió un monasterio en los alrededores, pero según nuestros padres y antepasados, una vez cayó un gran meteoro sobre el campo". El viajante continuó su camino, admirándose en su corazón. Y encontró a un hombre muy anciano y, saludándolo, le dijo: "Señor, caminando esta ruta encontré a tres hombres que habitan en el vecindario y les pregunté a cada uno la historia de esta tierra, y cada uno denegó lo que el otro había contestado, y a su vez cada uno me contaba una nueva historia que el otro ni había mencionado".

El anciano elevó su cabeza y respondió: "Amigo mío, cada uno y los tres te contestaron lo que en realidad fue; pero muy pocos de nosotros estamos capacitados para agregar afirmaciones a otras afirmaciones diferentes y construir una verdad de ahí en más".

El cinturón dorado

Cierto día, dos hombres que se encontraron en la ruta caminaban juntos hacia Salamis, la Ciudad de las Columnas. Al mediodía llegaron hasta un ancho río sin puente para cruzarlo. Debían nadar o buscar alguna otra ruta que desconocían. Y se dijeron: "Nademos. Después de todo el río no es tan ancho". Y se zambulleron y nadaron.

Y uno de los hombres, el que siempre supo de ríos y rutas de ríos, de pronto, en el medio de la corriente, comenzó a perderse y a ser arrastrado por las impetuosas aguas; mientras, el otro, que nunca antes había nadado, cruzó el río en línea recta y se detuvo sobre un banco. Entonces, viendo a su compañero luchando aún con la corriente, se arrojó otra vez al agua y lo trajo a salvo hasta la orilla.

Y el hombre que había sido arrastrado por la corriente dijo: "¿No habían dicho que no podías nadar? ¿Cómo es que cruzaste el río con tanta seguridad?".

Y el segundo hombre explicó así: "Amigo, ¿ves este cinturón que me ciñe? Está lleno de monedas de oro que gané para mi esposa y mis hijos, todo un año de trabajo. Es el peso de este cinturón de oro que me condujo a través del río, hacia mi esposa y mis hijos. Y mi esposa y mis hijos estaban sobre mis hombros mientras yo nadaba". Y los hombres continuaron su camino juntos hacia Salamis.

La tierra roja

Dijo un árbol a un hombre: "Mis raíces habitan en lo profundo de la tierra roja, y te daré mi fruto".

Y el hombre dijo al árbol: "¡Qué parecidos somos! Mis raíces también habitan en la profundidad de la tierra roja.

"Y la tierra roja te da poder para concederme tu fruto, y la tierra roja me enseña a recibir de ti con agradecimiento".

La luna llena

La luna llena se elevó gloriosa sobre el pueblo, y todos los perros de ese pueblo comenzaron a ladrar a la luna.

Sólo un perro no ladró y dijo a los otros con voz grave: "No despertéis el sosiego de su sueño, ni atraigáis a la luna hacia la tierra con vuestros ladridos".

Entonces todos los perros cesaron de ladrar, creando un terrible silencio. Mas el perro que les había hablado continuó ladrando para lograr el silencio del resto de la noche.

El profeta ermitaño

Hubo una vez un profeta ermitaño que cada tres lunas bajaba hasta la ciudad y en las plazas del mercado predicaba el dar y compartir entre la gente. Y era elocuente y su fama se expandía sobre la tierra.

Una tarde, tres hombres llegaron a su ermita y lo saludaron. Y le dijeron: "Tú predicas el dar y el compartir. Y buscas enseñar a quienes tienen mucho para dar a los que poseen poco; y no dudamos de que tu fama te ha brindado riquezas. Ahora ven y danos de tus riquezas, pues estamos necesitados".

Y el ermitaño les contestó: "Amigos míos, no tengo más que esta cama, y esta estera y esta jarra de agua. Lleváoslo si así lo deseáis. No tengo ni oro ni plata". Entonces lo miraron desdeñosos y dieron vuelta sus caras, y el último hombre se detuvo en la puerta un momento y gritó: "¡Oh tú, impostor! Tú, fraude. Tú enseñas y predicas aquello que tú mismo no practicas".

El viejo, viejo vino

Hubo una vez un hombre rico muy orgulloso de su bodega y del vino que allí había; y también había una vasija con vino añejo, guardado para alguna ocasión sólo conocido por él.

El gobernador del estado llegó a visitarlo, y aquél, luego de pensar, dijo: "Esa vasija no se abrirá por un simple gobernador".

Y un obispo de la diócesis lo visitó, pero él dijo para sí: "No, no destaparé la vasija. Él no apreciará su valor, ni el aroma regodeará su olfato".

El príncipe del reino llegó y almorzó con él. Mas éste pensó: "Mi vino es demasiado majestuoso para un simple príncipe".

Y aun el día en que su propio sobrino se desposara, se dijo: "No, esa vasija no debe ser traída para estos invitados".

Y los años pasaron, y él murió siendo viejo ya, y fue enterrado como cualquier semilla o bellota.

El día después de su entierro, tanto la antigua vasija de vino como las otras, fueron repartidas entre los habitantes del vecindario. Y ninguno notó su antigüedad.

Para ellos, todo lo que se vierte en una copa es solamente vino.

Los dos poemas

Varios siglos atrás, camino a Atenas, se encontraron dos poetas, y les alegró verse. Uno de los poetas le preguntó al otro: "¿Qué has compuesto últimamente, y cómo suena en tu lira?".

El otro poeta respondió con orgullo: "Acabo de terminar el más grande de mis poemas, quizás el más grande poema que se haya escrito en Grecia. Es una invocación a Zeus, el Supremo".

Entonces extrajo de abajo de su capa un papiro diciendo: "Helo aquí, lo llevo conmigo, y desearía leerlo. Ven, sentémonos a la sombra de aquel blanco ciprés". Y el poeta leyó su poema. Y era un extenso poema.

El otro poeta dijo amablemente: "Es un gran poema. Vivirá a través de los años, y en él serás glorificado".

El primero preguntó con calma: "Y tú, ¿qué has estado escribiendo durante estos últimos días?".

Y el otro respondió: "He escrito poco. Sólo ocho líneas en memoria de un niño jugando en un jardín". Y recitó sus líneas.

Y el primer poeta comentó: "No está mal. No está mal". Y se separaron.

Y hoy, luego de dos mil años, las ocho líneas del poeta son leídas en todos los idiomas, y son amadas y apreciadas.

Y aun cuando el otro poema ha vivido también a través de los años en librerías y en textos escolares, y a pesar de ser recordado, ni es amado ni es leído.

Lady Ruth

Una vez hubo tres hombres que miraban desde lejos hacia una casa blanca que se erguía solitaria sobre una verde colina. Uno de ellos dijo: "Aquella es la casa de Lady Ruth. Es una vieja bruja".

El segundo hombre dijo: "Te equivocas, Lady Ruth es una hermosa mujer que vive allá, consagrada a sus sueños".

El tercer hombre dijo: "Ambos se equivocan, Lady Ruth es la arrendataria de esta vasta tierra y extrae la sangre de sus siervos".

Y continuaron su camino discutiendo acerca de Lady Ruth.

Cuando llegaron a un cruce encontraron a un anciano y uno de ellos le preguntó: "Podrías contarnos algo sobre Lady Ruth, la que habita aquella casa blanca sobre la colina?".

El anciano levantó la cabeza y sonriendo dijo: "Tengo noventa años y recuerdo a Lady Ruth desde niño. Pero Lady Ruth falleció ochenta años atrás. Y ahora la casa está vacía. Los búhos anidan en ella algunas veces, y la gente dice que el lugar está embrujado".

El ratón y el gato

Cierta tarde un poeta conoció a un campesino. El poeta era esquivo y el campesino tímido, pero conversaron.

El campesino dijo: "Un ratón fue apresado en una trampa. Y mientras comía feliz el queso que allí había, un gato se detuvo a su lado. El ratón tembló un instante, pero sabía que en la trampa se hallaba seguro".

Entonces el gato dijo: "Estás comiendo tu último alimento, amigo".

"Sí", contestó el ratón, "una vida tengo, por lo tanto una muerte. Mas, ¿qué hay de ti? Me dicen que posees nueve vidas. ¿No significa eso que morirás nueve veces?". Entonces el campesino miró al poeta y dijo: "¿No es una historia extraña?" El poeta no contestó, pero se fue diciendo dentro suyo: "De seguro, tenemos nueve vidas, nueve vidas para estar seguros. Y moriremos nueve veces, y nueve veces moriremos. Quizá fuera mejor poseer sólo una vida apresada en una trampa, la vida de un campesino con un trozo de queso como última comida. Pues acaso ¿no pertenecemos a la estirpe de los leones del desierto y de la jungla?"

La maldición

Una vez me dijo un viejo hombre de mar. "Treinta años ha, una marinero escapó con mi hija. Y maldije en mi corazón a ambos, pues amaba a mi hija más que a nada en el mundo".

"No mucho después el joven marinero se hundió con su barco hasta el fondo del mar y con él mi hija amada, perdiéndose de mí".

"Y ahora vedme como el asesino de un joven y una esposa. Fue mi maldición que los destruyó. Y ahora en camino hacia mi tumba busco el perdón de Dios". Esto dijo el anciano. Mas, sus palabras sonaban petulantes, y parece que aún se enorgullece del poder de su maldición.

Las granadas

Había una vez un hombre poseedor de varios árboles granadinos en su huerta. Y todos los otoños colocaba las granadas en bandejas de plata fuera de su morada, y sobre las bandejas escribía un cartel que decía así: "Tomad una por nada. Sois bienvenidos".

Mas la gente pasaba sin tomar la fruta.

Entonces el hombre meditó, y un otoño no dejó granadas en las bandejas de plata fuera de su morada sino que colocó un gran anuncio: "Tenemos las mejores granadas de la tierra, pero las vendemos por más monedas de plata que cualquier otra granada".

Y, creedlo, todos los hombres y mujeres del vecindario llegaron corriendo a comprar.

Un Dios y varios dioses

En la ciudad de Kilafis un sofista se paró sobre los escalones del Templo y predicó sobre varios dioses. Y el pueblo dijo en sus corazones: "Sabemos todo esto. ¿Acaso no viven con nosotros y nos siguen doquiera que vayamos?".

No mucho después, otro hombre parado en la plaza del mercado habló así a la gente: "Dios no existe". Y varios de los que escuchaban se alegraron con sus relatos pues temían a los dioses.

Y un día llegó un hombre muy elocuente y dijo: "Sólo existe un Dios". Y entonces todo el pueblo se acongojó, pues en sus corazones temían al juicio de un Dios más que al de varios dioses.

Por aquella misma época apareció otro hombre y dijo al pueblo: "Hay tres dioses y habitan en el viento como uno solo, y tienen una grande y agraciada madre que es a la vez su compañera y hermana".

Entonces todos se sintieron reconfortados, pues en secreto se decían: "Tres dioses en uno deben desaprobar nuestras fallas, pero también su agraciada madre será seguramente la abogada de nuestras pobres debilidades".

Aún hoy día en la ciudad de Kilafis hay quienes pelean y discuten entre sí sobre la existencia de varios dioses y ninguno, y sobre un dios y tres dioses en uno y acerca de cierta agraciada madre de los dioses.

La que era sorda

Había una vez un hombre rico y desposado con una joven sorda por completo. Una mañana, mientras desayunaban, ella le dijo: "Ayer visité el mercado y exhibían vestidos de seda de Damasco, velos de la India, collares de Persia y brazaletes de Yaman. Parece que las caravanas acaban de traer todo eso a nuestra ciudad. Y ahora mírame, yo en trapos, siendo la esposa de un hombre rico. Debo comprar alguno de esos hermosos objetos".

El esposo, aún ocupado con su café matinal, contestó: "Querida, no existe razón alguna por la cual tú no vayas al mercado y compres todo lo que tu corazón desee". Y la esposa protestó: "¡No! Siempre dices: No, no. ¿Es necesario que aparezca en trapos ante nuestros amigos avergonzando así tu fama y a mi gente?".

Y el esposo dijo: "No he dicho No; puedes ir libremente a la plaza del mercado y comprar la vestimenta más hermosa y las joyas que hayan llegado a nuestra ciudad".

Pero otra vez la esposa equivocó la lectura de sus palabras y replicó: "De todos los hombres ricos, tú eres el más miserable. Me niegas toda belleza y hermosura, mientras las otras mujeres de mi edad caminan por los jardines de la ciudad, vestidas con ricos hábitos".

Y comenzó a llorar. Y mientras sus lágrimas caían sobre su pecho gritó otra vez: "Tú siempre me dices: No, no cuando deseo un vestido o una joya".

Desde ese día, la joven y sorda esposa cada vez que deseaba algo aparecía con una perlada lágrima en los ojos, y él en silencio tomaba un puñado de oro y lo ponía sobre sus faldas.

Pero ocurrió que la joven se enamoró de un joven cuyo hábito era realizar largos viajes. Y cuando él partía ella se sentaba a llorar.

Cuando el esposo la hallaba llorando decía en su corazón: "Debe haber llegado una caravana con prendas de seda y joyas raras".

Y sacaba otro puñado de oro y se lo entregaba.

La búsqueda

Mil años atrás, dos filósofos se encontraron en la cuesta del Líbano y uno dijo al otro: "¿Hacia dónde te diriges?".

Y el otro respondió: "Busco la fuente de la juventud que se halla entre estas colinas. He encontrado escritos donde cuentan sobre la fuente floreciendo en dirección al sol. Y tú, ¿qué buscas?".

El primero contestó: "Busco el misterio de la muerte".

Entonces cada uno pensó que el otro estaba falto de grandes acontecimientos y comenzaron a discutir y a acusarse de ceguera espiritual.

Mientras los filósofos discutían al viento, un extranjero, un hombre considerado tonto en su propia ciudad, pasó por allí y cuando oyó a los hombres en ardiente disputa, se detuvo por un momento y escuchó sus argumentaciones.

Luego, acercándose, les dijo: "Mis buenos amigos, realmente ambos pertenecéis a la misma escuela filosófica y habláis sobre lo mismo, sólo que usáis palabras diferentes. Uno de vosotros busca la fuente de la juventud y el otro el misterio de la muerte. Sólo son una misma cosa y como una habitan ambas en vosotros".

Y el extranjero se apartó diciendo: "Hasta siempre, sabios". Y alejándose se reía con complaciente risa.

Los dos filósofos se miraron en silencio, por un momento, y luego también ellos rieron. Y uno de los dos dijo: "Y bien, ¿por qué no caminamos y buscamos juntos?".

El cetro

Dijo un rey a su esposa: "Señora, tú no eres verdaderamente una reina. Eres demasiado vulgar y poco graciosa para ser mi compañera".

Dijo su esposa: "Señor, tú te consideras rey pero eres solamente un pobre parlanchín".

Estas palabras enfurecieron al rey que tomó el cetro de oro en sus manos y golpeó la frente de la reina.

En ese momento el ayudante de cámara apareció y dijo: "¡Está bien, está bien, Su Majestad! Ese cetro fue creado por el más grande artista de la tierra. ¡Ay de mí! Algún día tú y la reina serán olvidados, pero ese cetro permanecerá como cosa bella de generación en generación. Y ahora que ha extraído sangre de la cabeza de Su Majestad, Señor, el cetro será el más famoso y recordado".

La senda

Entre las colinas vivían una mujer y su hijo; éste era su primer y único hijo. El niño murió de una fiebre mientras el médico lo vigilaba.

La madre, destruida por la tristeza, gritó al médico diciendo: "Dime, dime, ¿qué es lo que hizo aquietar su fortaleza y silenciar su canción?".

Y el médico respondió: "Fue la fiebre". Y la madre dijo: "¿Qué es la fiebre?".

Y también el médico respondió: "No puedo explicártelo. Es algo infinitamente pequeño que visita el cuerpo y que no podemos ver con nuestros ojos humanos". Por la tarde el sacerdote llegó para consolarla. Y ella lloró y gritó diciendo: "¡Por qué he perdido a mi hijo, mi único hijo, mi primer hijo!" Y el sacerdote respondió: "Hija mía, es la voluntad de Dios".

La mujer entonces preguntó: "¿Qué es Dios y dónde está Dios? Quiero ver a Dios y rasgarme el pecho delante de Él y hacerme brotar sangre de mi corazón a sus pies. Dime dónde encontrarlo".

Y el sacerdote contestó: "Dios es infinitamente grande. No puede ser visto con nuestros ojos humanos".

Entonces la mujer gritó: "Lo infinitamente pequeño asesinó a mi hijo por voluntad de lo infinitamente grande! Dime, ¿qué somos nosotros?".

En ese momento entró la madre de la mujer con el sudario para el niño muerto, y oyó las palabras del sacerdote y el llanto de su hija. Depositó el sudario y tomó entre sus manos la mano de su hija y le dijo: "Hija mía, nosotros mismos somos lo infinitamente pequeño y lo infinitamente grande y somos la senda de ambos".

La ballena y la mariposa

Una tarde un hombre y una mujer se encontraron dentro de una diligencia. Se habían conocido antes.

El hombre era un poeta, y, cuando se hubo sentado junto a la mujer, decidió entretenerla con cuentos, algunos tramados por él y otros que no eran propios. Pero mientras él hablaba la dama se durmió. De pronto la diligencia se sacudió y ella, despertándose, dijo: "Admiro tu interpretación de la fábula de Jonás y la ballena".

Y el poeta dijo: "¡Pero, señora, os he estado contando una de mis historias sobre una mariposa y una rosa blanca y de cómo se comportaba una con la otra!"

Paz contagiosa

Una rama en flor dijo a su rama vecina: "Éste es un día aburrido y vacío". Y la otra rama respondió: "Sí, realmente un día vacío y aburrido".

En ese momento un gorrión voló sobre una de las ramas y luego otro se posó muy cerca.

Y uno de los gorriones gorjeando dijo: "Mi compañera me ha abandonado".

Y el otro gorrión lloró: "Mi compañera también ha partido para no regresar. Pero, ¿qué importa?".

Entonces los dos comenzaron a chirriar y regañarse y pronto se hallaron peleando y llenando de desagradables sonidos el aire.

De pronto, otros dos gorriones bajaron del cielo y se sentaron tranquilamente junto a los dos inquietos. Y hubo calma y hubo paz.

Y los cuatro se alejaron volando juntos en pareja.

La primera rama dijo a su vecina: "Eso fue un solemne zig-zag de sonidos". Y la otra rama respondió: "Llámalo como quieras, ahora todo está pacífico y despejado. Y si en los altos aires hacen las paces creo que aquellos que habitan en lo bajo deben hacer las paces también. ¿No podrías balancearte con el viento un poco más cerca de mí?".

Y la primera rama dijo: "Oh, quizás en bien de la paz, antes de que la primavera se haya ido, lo haré".

Y luego ella misma se balanceó con el fuerte viento para abrazarla.

La sombra

Cierto día de junio, el pasto dijo a la sombra de un olmo: "Te mueves tan seguido de derecha que perturbas mi paz".

Y la sombra respondió: "Yo no, yo no. Mira hacia el cielo. Verás un árbol que se mueve por el viento de Este a Oeste entre el Sol y la Tierra".

Y el pasto elevó la mirada y por primera vez observó al árbol. Y dijo en su corazón: "¿Por qué, pues, existe un pasto más alto que yo?".

Luego el pasto calló.

Setenta

El joven poeta dijo a la princesa: "Te amo". Y la princesa: "Yo también, hijo mío".

"Yo no soy tu hijo. Soy un hombre y te amo".

Y ella respondió: "Soy la madre de hijos e hijas, y ellos son padres y madres de hijos e hijas, y uno de los hijos de mis hijos es mayor que tú".

El joven poeta protestó: "Pero te amo".

No mucho después la princesa murió. Mas, antes de que su último suspiro fuera recibido nuevamente por el gran suspiro de la tierra, ella dijo desde su alma: "Mi bien amado, mi único hijo, mi joven poeta, llegará el día en que nos encontraremos de nuevo y yo no tendré setenta años".

Encontrar a Dios

Dos hombres paseaban por el valle y uno, señalando hacia las montañas, dijo: "¿Ves esa ermita? Allí vive un hombre que hace ya mucho tiempo se divorció del mundo. Busca a Dios y nada más sobre la Tierra".

El otro hombre dijo: "No encontrará a Dios hasta que no abandone su ermita y la soledad que lo envuelve, y regrese a nuestro mundo a compartir nuestra alegría y dolor, a bailar con nuestras bailarinas en las fiestas de esponsales, y a llorar junto a aquellos que lloran alrededor del ataúd de nuestros muertos".

Y el otro hombre se convenció en su corazón, mas, pese a ello, respondió: "Concuerdo con lo que tú dices, mas creo que el ermitaño es un buen hombre. Y, ¿no podría ser que un solo buen hombre con su ausencia obrara mayores bienes que la aparente bondad de tantos hombres?".

El río

En el valle de Kadisha, donde fluye el majestuoso río, dos pequeñas corrientes se encontraron y conversaron.

Una corriente dijo: "¿Cómo has llegado, amiga mía, y cómo ha sido tu camino? Y la otra contestó: "Mi camino fue de lo más embarazoso. La rueda del molino se había roto y el granjero que me conducía desde el cauce hasta sus plantas murió. Y hube de bajar forcejeando y filtrándome por la suciedad de aquellos que no hacen nada más que sentarse y cocer su pereza al sol. ¿Y cómo fue tu camino, hermana mía?".

Y la otra corriente respondió: "Mi camino fue diferente. Bajé de las colinas entre flores fragantes y tímidos suces; hombres y mujeres bebían de mí con copas de plata, y los niños remojaban sus piececitos rosados en mis orillas, y todo era risa a mi alrededor, y dulces canciones. ¡Qué pena que tu camino no haya sido feliz!"

En ese momento el río habló con vos potente: "Venid, venid, iremos hacia el mar. Venid, venid, pues en mí olvidaréis vuestros caminos errantes, tristes o alegres. Venid, Venid. Y vosotros y yo olvidaremos todo cuando hayamos alcanzado el corazón de nuestra madre, la mar".

Los dos cazadores

Cierto día de mayo Alegría y Tristeza se encontraron a orillas de un lago. Saludáronse y se sentaron junto a las tranquilas aguas y conversaron.

Alegría habló sobre la belleza que reina sobre la tierra, del cotidiano encanto de la vida en el bosque y entre las colinas, y de las canciones escuchadas al amanecer y al anochecer.

Y Tristeza estuvo de acuerdo con todo lo que Alegría había dicho: pues Tristeza conocía la magia de la hora y la belleza de aquellas cosas. Y Tristeza habló con elocuencia cuando se refirió a los campos y a las colinas en mayo.

Alegría y Tristeza conversaron un largo rato y estuvieron de acuerdo con todas las cosas que conocían.

En ese momento pasaban por la otra orilla dos cazadores. Miraron hacia la otra ribera y uno dijo: "Me pregunto quiénes son esas dos personas". Y el otro dijo: "¿Has dicho dos? Yo veo sólo una".

"No, hay dos". Respondió el primer cazador. "Y el reflejo sobre las aguas tranquilas muestra dos personas".

Pero el segundo repitió: "Sólo veo a una". Y el otro "Veo a dos personas y tan claramente".

Y, aún hoy día, un cazador dice que el otro ve doble; mientras que el otro repite: "Mi amigo es algo ciego".

El otro vagabundo

Una vez encontré a otro hombre en el camino. Él también era un poco loco, y me habló así: "Soy un vagabundo. Muchas veces parece que caminara por la tierra entre medio de pigmeos. Y porque mi cabeza está a setenta pies más lejos de la tierra que las suyas, creo pensamientos más elevados y más libres.

"Pero en verdad no camino entre los hombres sino sobre ellos. Y todo lo que pueden ver de mí son mis pisadas en sus campos abiertos.

"Y varias veces los escuché discutir sobre la forma y tamaño de mis pisadas. Pues, hay algunos que dicen: 'Son la huella de un mamut que vagara por la tierra tiempo ha'. Y otros dicen: 'No, son lugares donde cayeron meteoros desde las estrellas distantes'.

"Pero tú, amigo mío, sabes muy bien que no son nada más que pisadas de un vagabundo".

Arena y espuma

Voy por siempre vagando en esta playa,
entre la arena y la espuma.
La marea borrará las huellas de mis pies
y el viento esparcerá la espuma.
Pero el mar y la playa continuarán
por siempre.

Un día encerré en mi mano un poco de niebla.
Y al abrir el puño, ¡ay!, la niebla
se había convertido en un gusano.
Volví a cerrar y abrir el puño, y ¡Albricias!,
en mi palma vi un pájaro.
Nuevamente cerré y abrí el puño, y
vi que en mi palma estaba un hombre,
en pie, de rostro triste, que miraba.
Y volví a cerrar el puño; al abrirlo,
no había más que niebla.
Pero escuché un canto de inenarrable dulzura.

Apenas ayer me sentía una partícula
oscilando sin ritmo en la espera de la vida.
Ahora sé que soy la espera, y toda
la vida palpita en rítmicos fragmentos
en mi interior.

Me dicen, en su vigilia:
"Tú y el mundo en que vives no sois
más que un grano de arena en la
infinita playa de un mar infinito".
Y yo les digo, en mi sueño: "Soy
el mar infinito, y todas las palabras
no son más que granos de arena
en mi playa".

Sólo una vez me quedé sin palabras.
Fue cuando un hombre me preguntó:
"¿Quién eres?"

El primer pensamiento de Dios fue un ángel.
La primera palabra de Dios fue un hombre.
Fuimos criaturas ondulantes, vagarosas, ansiosas, un millón de años antes de que el mar y el viento del bosque nos dieran palabras.

Ahora bien, ¿cómo podremos expresar lo muy antiguo que hay en nosotros, sólo con los sonidos de nuestros recientes ayeres?
La esfinge habló sólo una vez, y dijo: "Un desierto es un grano de arena, y un grano de arena es un desierto, y ahora, volvamos a guardar silencio".
Oí lo que dijo la Esfinge, pero no lo comprendí.

Una vez miré el rostro de una mujer y en él vi a todos sus hijos que aún no nacían.
Y una mujer me miró a la cara, y conoció a todos mis antepasados, muertos antes de que ella naciera.

Ahora, me realizaría plenamente. Pero, ¿cómo, a menos que llegue yo a ser un planeta con seres inteligentes que moren en él?
¿No es ésta la meta de todos los hombres?

Una perla es un templo, construido por el dolor en torno a un grano de arena.
¿Qué ansiedad construye nuestros cuerpos, en torno a qué granos?

Cuando Dios me arrojó, a mí, una piedrecilla, a este maravilloso lago, turbé la superficie del agua con incontables círculos.
Pero cuando llegué a la profundidad, me quedé en gran quietud.

Dadme silencio, y desafiaré la noche.

Conocí mi segundo nacimiento cuando mi alma y mi cuerpo se amaron y se casaron.

Una vez conocí a un hombre de oído sumamente fino, pero mudo.
Había perdido la lengua en una batalla.
Ahora sé en qué batallas combatió ese hombre antes de llegar al gran silencio.
Y me alegré de que ese hombre estuviera muerto.
El mundo no es suficientemente vasto para que cupiéramos él y yo.

Largo tiempo yací en el polvo de Egipto, silente y ajeno a las estaciones.

Luego, el Sol me hizo nacer, me erguí, y caminé por las riberas del Nilo, cantando con los días y soñando con las noches.
Y ahora, el Sol me persigue con mil pies, para que caiga yo nuevamente en el polvo de Egipto.
Pero, ¡oíd la maravilla y el acertijo!: ni el Sol mismo, que unió mis elementos, puede esparcirlos.
Aún estoy levantando, y mi pie es seguro; sigo caminando por las riberas del Nilo.

Recordarse es una manera de encontrarse.

El olvido es una forma de libertad.

Medimos el tiempo según el movimiento de incontables soles, y ellos miden el tiempo con maquinitas que llevan en los bolsillos.
Ahora, decidme: ¿cómo podremos reunirnos alguna vez, en el mismo sitio y a la misma hora?
El Espacio no representa espacio alguno entre la Tierra y el Sol, para quien mira desde las ventanas de la Vía Láctea.

La humanidad es un río de luz, que corre desde la ex eternidad hasta la eternidad.

¿No envidian los espíritus que moran en el éter el dolor del hombre?

Camino de la Ciudad Santa, encontré a otro peregrino, y le pregunté: "Es éste verdaderamente el camino hacia la Ciudad Santa?".

Y aquel peregrino me dijo: "Sígueme, y llegarás a la Ciudad Santa dentro de un día y una noche".
Y lo seguí. Y caminamos muchos días y muchas noches, pero llegamos a la Ciudad Santa.
Y lo que más me asombró fue que aquel peregrino se enojara conmigo, por haberme desorientado.

¡Oh, Dios!, hazme la presa del león, antes de que hagas que el conejo sea mi presa.
No se puede llegar al alba, sino por el sendero de la noche.

Mi casa me dice: "No me dejes, porque aquí mora tu pasado".
Y el camino me dice: "Ven, y sígueme, porque soy tu futuro".
Y yo digo, tanto a mi casa como al camino:
"Yo no tengo pasado, ni futuro. Si me quedo aquí, hay un deseo de marcharme, en mi estancia; y si voy allá, hay un deseo de estancia en mi partida. Sólo el amor y la muerte transforman las cosas".
¿Cómo perder la fe en la justicia de la vida, si los sueños de quienes duermen sobre plumas no son más hermosos que los sueños de quienes duermen sobre la tierra?

Es extraño, pero el deseo de algunos placeres forma parte de mi dolor.

Siete veces he despreciado a mi alma:
La primera vez cuando la vi desfalleciente y debía llegar a las alturas.

La segunda vez, cuando la vi saltar ante un inválido.
La tercera vez cuando le dieron a elegir entre lo arduo y lo fácil, y escogió lo fácil.
La cuarta vez, cuando cometió una falta, y se consoló pensando que los demás también cometen faltas.
La quinta vez, cuando se abstuvo por debilidad, y atribuyó su paciencia a la fortaleza.
La sexta vez, cuando despreció un rostro feo, sin saber que tal rostro era una de sus propias máscaras.
Y la séptima vez, cuando entonó un canto de alabanza, y lo consideró una virtud.

Ignoro la verdad absoluta. Pero soy humilde ante mi ignorancia, y en ello residen mi honor y mi recompensa.

Hay un espacio entre la imaginación y los logros del hombre que sólo puede atravesar su ansiedad.

El paraíso está ahí, detrás de esa puerta, en la habitación contigua: pero he perdido la llave.

O acaso únicamente la haya extraviado.

Tú eres ciego, y yo soy sordomudo, así que, toquémonos las manos, y comprendámonos.

La importancia del hombre no reside en lo que logra, sino en lo que ansía lograr.

Algunos hombres somos como tinta, y otros somos como papel. Y si no fuera por la negrura de algunos, otros seríamos ciegos.

Dadme un oído, y os daré una voz.

Nuestra mente es una esponja; nuestro corazón, un río.
¿No es extraño que a la mayoría nos guste más succionar, que correr?

Cuando ansiáis bendiciones que no podéis nombrar, y cuando pensáis sin saber la causa, entonces, verdaderamente, estáis creciendo con todo lo que crece y elevándoos hacia vuestro ego superior.

Cuando alguien esta embriagado con una visión, cree que la vaga expresión de ella es el vino mismo.

Bebéis vino para embriagaros, y yo bebo vino para que me desintoxique de aquel otro vino...

Cuando mi copa esta vacía, me resigno a su vacío; pero cuando está a la mitad, me duele que no esté llena.

La realidad de la otra persona no está en lo que te revela, sino en lo que no puede revelarte.
Por lo tanto, si quieres entender a esa otra persona, no escuches lo que dice sino lo que calla.

La mitad de lo que digo carece del significado; pero lo digo, para que la otra mitad pueda llegar a ti.

El sentido del humor es el sentido de la proporción.

Mi soledad nació cuando los hombres elogiaron mis parlanchinas faltas, y censuraron mis calladas virtudes.

Cuando la Vida no encuentra a un filósofo que cante al corazón de la Vida, produce un filósofo que hable de la mente de la Vida.

Una verdad hay que conocerla siempre, y sólo a veces hay que decirla.

Lo real, en nosotros, guarda silencio. Lo adquirido es lo que habla mucho.

La voz de la Vida, en mí, no puede llegar al oído de la Vida, en ti; pero hablemos, para que no nos sintamos solos.

Al hablar dos mujeres, no dicen nada; cuando una mujer habla, revela todo lo de la vida.

La voz de las ranas acaso sea más intensa que la del buey, pero las ranas no pueden tirar del arado en el campo, ni mover la rueda del lago, y con las pieles de las ranas no se pueden hacer zapatos.

Solamente los mudos envidian al parlanchín.

Si dijera el Invierno: "La Primavera está en mi corazón", ¿creeríais al Invierno?

Toda semilla es un anhelo.

Si abrieras realmente los ojos, y vieras, verías tu propia imagen en todas las imágenes.

Y si abrieras tus oídos, oirías tu propia voz en todas las voces.

Para descubrir la verdad, se necesitan dos personas; una para decirla, y otra, para escucharla.

Aunque las ondas de las palabras están siempre sobre nosotros, en nuestra profundidad siempre reina el silencio.

La abundancia de doctrina es como el cristal de una ventana; vemos al través, pero nos separa la verdad.

Ahora, juguemos al escondite. Si te escondes en mi corazón, no será difícil encontrarte. Pero si te escondes tras tu concha, será en vano que te busquen.

La mujer puede ocultar su verdadero rostro tras el velo de una sonrisa.

¡Cuán noble es el corazón apesadumbrado que acepta cantar una alegre canción en compañía de corazones alegres!

Quien lograra entender a una mujer, o describir el genio, o descifrar el misterio del silencio, sería un hombre que, al despertar de un hermoso sueño, podría disfrutar tranquilamente su desayuno.

Quiero caminar junto a los que caminan. No quiero permanecer inmóvil, contemplando la procesión.

A quien te sirve, le debes algo más que oro; dale una parte de tu corazón, o tus servicios.

No; no hemos vivido en vano, ¿no han construido *ellos* torres con nuestros huesos?

No seamos limitados y fragmentistas. La mente del poeta y la cola del escorpión se yerguen gloriosamente desde la misma tierra.

Todo dragón da el ser a un San Jorge, que lo mata.

Los árboles son poemas que escribe la tierra en el cielo. Los abatimos, y los transformamos en papel, para consignar en él nuestro vacío interior.

Si quieres escribir (y sólo los santos saben por qué lo harías), debes tener conocimiento, arte y magia: conocimiento de la música de las palabras, el arte de ocultar tu arte, y la magia de amar a tus posibles lectores.

Algunos mojan la pluma en nuestros corazones, y creen que están inspirados.

Si un árbol escribiera la autobiografía, ésta no sería diferente de la historia de toda una raza.

Si se me diera a elegir entre la capacidad de escribir un poema, y el éxtasis de un poema no escrito, elegiría el éxtasis. Es mejor poesía. Pero tú y todos mis vecinos están de acuerdo en que siempre elijo lo menos valioso.

La poesía no es opinión explícita. Es una canción que surge de una herida sangrante, o de una boca sonriente.

Las palabras son intemporales. Debes pronunciarlas, o escribirlas, recordando que son intemporales.

Un poeta es un rey destronado, que se sienta entre las cenizas de su palacio, tratando de formar una imagen con esas cenizas.

La poesía es labor de gozo, dolor y maravilla, con sólo algún signo del diccionario.

En vano buscará un poeta a la madre de los cantos de su propio corazón.

Una vez le dije a un poeta: "No sabremos lo que vales, hasta que mueras".

Y me contestó: "Sí; la muerte es la gran reveladora. Y si en verdad sabes lo que valgo cuando yo muera, es que habré tenido más poesía en mi corazón que en mi lengua, y más en mi deseo, que en la mano".

Si cantas a la belleza, aunque estés solo en el corazón de un desierto, tendrás público.

La poesía es sapiencia que encanta el corazón. La sapiencia es la poesía que canta en la mente. Si pudiéramos encantar el corazón del hombre, y al mismo tiempo cantar en su mente, en verdad viviríamos a la sombra de Dios.

La inspiración siempre cantará; nunca dará explicaciones.

A menudo entonamos canciones de arrullo a nuestros hijos, para poder dormir nosotros.

Todas nuestras palabras no son sino migajas que caen del banquete del intelecto.
Pensar es siempre el escollo máximo de la poesía.

El mayor poeta es el que canta nuestros silencios.

¿Cómo podrás cantar, si tu boca está llena de comida?
¿Cómo podrá alzarse tu mano para bendecir, si está llena de oro?

Dicen que el ruiseñor se hiere el pecho con una espina cuando entona su canción de amor.

Y todos hacemos lo mismo. ¿De qué manera podríamos cantar?

El genio no es más que el ritmo de un jilguero, al principio de una lenta primavera.

Ni los más alados espíritus pueden escapar de las necesidades físicas.

Un loco no es menos músico que tú o que yo; lo que

sucede es que el instrumento en que toca está algo desafinado.

La canción que alienta silenciosa en el corazón de una madre, canta en los labios de su hijo.

Ningún anhelo puro quedará insatisfecho.

Nunca he podido ponerme de acuerdo con mi otro yo. La verdad parece estar entre él y yo.

Tu otro yo siempre se compadece de ti. Pero tu otro yo crece en la compasión, así que todo está bien.

La pugna entre el alma y el cuerpo sólo existe en las mentes de aquellos cuyas almas están dormidas, y cuyos cuerpos están desafinados.

Cuando llegues al corazón de la vida, descubrirás la belleza en toda cosa; incluso en los ojos ciegos de la belleza.

Vivimos sólo para descubrir la belleza. Todo lo demás es una forma de la espera.

Siembra una semilla y te dará una flor. Eleva tu sueño al cielo y te devolverá al ser amado.

El Demonio murió el mismo día que naciste. Ahora, no tienes que pasar por el infierno para conocer a un ángel.

Muchas mujeres toman prestado el corazón de un hombre; muy pocas pueden poseerlo.

Si quieres poseer, no puedes reclamar.

Cuando un hombre toca la mano de una mujer, ambos tocan el corazón de la eternidad.

El amor es el velo entre los que se aman.

Todo hombre ama a dos mujeres: la que ha creado en su imaginación, y la que todavía no nace.

Los hombres que no perdonan a las mujeres sus defectillos nunca gozarán con sus grandes virtudes.

El amor que no se renueva cada día, se vuelve un hábito, y una esclavitud.

Los amantes abrazan lo que está entre ellos, más que abrazarse uno al otro.

El amor y la duda nunca han armonizado.

El amor es una palabra luminosa, escrita por una mano luminosa, en una página luminosa.

La amistad es siempre una dulce responsabilidad: nunca una oportunidad.

Si no comprendes a tu amigo en toda circunstancia, jamás lo entenderás.

Tu más radiante traje fue tejido por otro. Tu alimento más sabroso es el que comes en la mesa de otra persona.

Tu lecho más cómodo es el de la casa de otra persona. Ahora, dime: ¿cómo puedes separar tu ser interior de las demás personas?

Tu mente y mi corazón no se pondrán de acuerdo hasta que tu mente deje de vivir entre números, y mi corazón, en la niebla.

No llegaremos a entendernos tú y yo hasta que reduzcamos el lenguaje a siete palabras.

¿Cómo podrá abrirse mi corazón, a menos que se rompa?

Sólo una gran tristeza o una gran alegría pueden revelar tu verdad.

Y si revelas tu verdad, debes, danzar al sol, o llevar tu cruz.

Si la Naturaleza se detuviera a escuchar todo lo que decimos acerca de nuestra satisfacción, ningún río buscaría el mar, y ningún invierno se tornaría primavera. Y si escuchara la Naturaleza todo lo que decimos acerca del ahorro, ¿cuántos de nosotros estarían respirando este aire?

Cuando das la espalda al sol, no ves más que tu sombra.

Eres libre a la luz del sol, y libre ante la estrella de la noche.

Y eres libre cuando no hay sol, ni estrellas.
Incluso eres libre cuando cierras los ojos a todo lo que existe.

Pero eres esclavo de quien amas, por el hecho mismo de amarlo.
Y eres esclavo de quien te ama, por el hecho mismo de dejarte amar.

Todos somos mendigos a la puerta del templo, y todos recibimos nuestra parte de la riqueza del rey, cuando éste entra al templo, y cuando sale de él.
Pero nos envidiamos unos a otros, lo cual es otra manera de rebajar al rey.

No puedes consumir más allá de tu apetito. La otra mitad de la hogaza pertenece a otro, y debe quedar otro poco de pan para el huésped inesperado.

Si no fuera por los huéspedes, todas las casas serían tumbas.

Un magnánimo lobo le dijo a una humilde oveja: "¿Te servirías honrar mi casa con tu visita?
Y la oveja respondió: "Hubiéramos tenido un gran honor en visitar tu casa, si no fuera por tu estómago..".

Detuve a mi invitado en el umbral de mi casa, y le dije: "no, no te limpies los pies al entrar, sino al salir".

La generosidad no estriba en que me des lo que necesito más que tú, sino en que me des lo que tú necesitas más que yo.

En verdad sois caritativos cuando dais y cuando al dar, volvéis el rostro para no ver la timidez de quien recibe.

La diferencia entre el hombre más rico y el más pobre no es sino un día de hambre y una hora de sed.

A menudo pedimos prestado a nuestro mañana para pagar las deudas de nuestros ayeres.

A mí también me visitan ángeles y demonios, pero me deshago de ellos. Cuando es un ángel, recito una vieja oración, y el ángel se aburre.
Cuando es un demonio, cometo un viejo pecado, y el demonio se aleja de mí.

Después de todo, no es ésta una mala prisión; pero no me gusta este muro entre mi celda y la del recluso de al lado.
Sin embargo, os aseguro que no es mi intención hacer reproches, ni al alcalde, ni al Constructor de la prisión.

Los que te dan una serpiente cuando les pides un pescado, acaso no tengan más que serpientes. Por lo tanto, si eso te dan, es generosidad de parte de ellos.

El engaño tiene éxito a veces, pero siempre termina por suicidarse.

En realidad sabes perdonar cuando perdonas a los asesinos que nunca derraman sangre, a los ladrones que nunca roban, y a los mentirosos que jamás dicen una falsedad.

Quien pueda poner el dedo en la línea que separa el bien del mal, es el que podrá tocar la orla del vestido de Dios.

Si tu corazón es un volcán, ¿cómo esperas que florezcan las rosas en tus manos?

¡Qué extraña forma de autocomplacencia! Hay veces en que me hacen daño y engañan, y río a expensas de quienes creen que no me doy cuenta de que me hacen daño y me engañan.

¿Qué diré de aquel perseguidor que representa el papel de perseguido?

Deja que el que se limpia las manos sucias en tu traje se lleve ese traje. Quizás él lo necesite alguna vez; tú seguramente no.

Es una lástima que los cambistas no puedan ser buenos jardineros.

Por favor, ¡no blanquees tus defectos congénitos con tus virtudes adquiridas! Prefiero tus defectos; son como los míos.

¡Cuán a menudo me he atribuido crímenes que nunca cometí, para que la otra persona se sintiera cómoda en mi presencia!

Incluso las máscaras de la vida son máscaras de un misterio más profundo.

Puedes juzgar a los demás sólo según el conocimiento que tengas de ti mismo. Dime, ahora, ¿quién de nosotros es culpable, y quién inocente?

El verdadero justo es aquel que se siente culpable, a medias, de tus faltas.

Sólo el idiota y el genio infringen la ley hecha por el hombre; y son los que están más cerca del corazón de Dios.

Sólo cuando te persiguen te vuelves veloz.

No tengo enemigos, ¡oh Dios!, pero si es preciso que tenga un enemigo, que su fuerza sea igual a la mía, y que sólo la verdad venza.

Serás bastante buen amigo de tu enemigo actual, cuando ambos mueran.

Es posible que un hombre se suicide en defensa propia.

Hace mucho vivió un hombre al que crucificaron por amar demasiado, y por ser demasiado adorable. Y aunque os parezca extraño, ayer me encontré con él, tres veces.

La primera vez, Él pedía a un policía que no se llevara a una prostituta a la cárcel; la segunda vez, bebía vino en compañía de un forajido, y la tercera vez, estaba boxeando con un promotor de peleas, en el interior de una iglesia.

Si todo lo que dicen del bien y del mal fuera cierto, toda mi vida no sería más que un largo y constante crimen.

La piedad o conmiseración, es justicia a medias.

El único que ha sido injusto conmigo es aquel con cuyo hermano he sido injusto.

Cuando ves que a un hombre lo llevan a la prisión, di en tu corazón: "Acaso escape de una prisión más estrecha".
Y cuando veas a un hombre ebrio, di en tu corazón: "acaso trate de escapar de algo aún menos bello".

Muchas veces he odiado en defensa propia; pero si fuera yo más fuerte, no habría utilizado tan vil arma.

¡Cuán tonto es el que quiere ocultar el odio que asoma por sus ojos con la sonrisa de sus labios!

Sólo quienes se sientan por debajo de mí podrán envidiarme u odiarme. Nunca me han envidiado ni odiado; no estoy por encima de nadie.

Sólo quienes se sientan por encima de mí, podrán elogiarme o vituperarme. Nunca me han elogiado ni minimizado; no estoy por debajo de nadie.

Cuando me dices: "No te comprendo", es un elogio que va más allá de mi valer, un insulto que no mereces.

¡Cuán mezquino soy cuando la Vida me da oro, y te doy plata, y todavía me considero generoso!

Cuando llegues al corazón de la Vida, sabrás que no estás por encima del felón, ni por debajo del profeta.

Es extraño que te conduelas del lento de pies, y no del lento intelectual. Y que tengas lástima del ciego, y no del corazón ciego.

Es sensato que el cojo no rompa sus muletas en la cabeza de su enemigo.

¡Cuán ciego es el que te deja algo de su bolsillo, para poder tomar algo de tu corazón!

La Vida es una procesión. El de pies lentos la considera demasiado veloz, y se aparta de ella.

Y el de pies veloces la encuentra demasiado lenta, y también se aparta de ella.

Si existe lo que se llama "pecado", algunos de nosotros lo cometemos siguiendo los pasos de nuestros antepasados.
Y otros los cometemos adelantándonos, siendo demasiado exigentes con nuestros hijos.

El hombre verdaderamente bueno es aquel que es uno con todos los considerados malos.

Todos somos reclusos de alguna prisión, pero algunos estamos en celdas provistas de ventanas, y otros no tienen ventanas.

Es extraño que todos defendamos nuestros errores con más ahínco que nuestros derechos.

Si unos a otros nos confesáramos en voz alta nuestros pecados, todos nos reiríamos unos de otros, de nuestra falta de originalidad.
Y si nos reveláramos unos a otros nuestras virtudes, también reiríamos por la misma causa.

Un individuo está por encima de las leyes hechas por el hombre hasta que comete un crimen contra las convenciones humanas.
Después de eso, ya no está, ni por encima de nadie, ni por debajo de nadie.

El Gobierno es un acuerdo entre tú y yo. Y, a menudo, tú y yo nos equivocamos.

Un crimen es, u otro nombre de la necesidad, o bien un aspecto de la enfermedad.

¿Hay falta mayor que estar consciente de las faltas de los demás?

Si la otra persona se ríe de ti, puedes tenerle lástima;

pero si tú te ríes de esa persona, acaso nunca te lo perdones.
Si la otra persona te hiere, puedes perdonarla. Pero si tú eres el que hiere, siempre lo recordarás.

En verdad la otra persona es tu yo más sensible, al que se ha dado otro cuerpo.

¡Cuán atolondrado eres cuando deseas que los hombres vuelen con tus alas, y ni siquiera puedes darles una pluma!

Una vez, un hombre se sentó a mi mesa, comió mi pan y bebió mi vino, y al marcharse hizo mofa de mí. Luego, el mismo hombre acudió a mí nuevamente, en busca de pan y vino, y lo rechacé.
Y los ángeles se rieron de mí.

El odio es una cosa muerta ¿A quién de vosotros le gustaría ser una tumba?

El honor del asesinado estriba en no ser asesino.

La tribuna de la humanidad reside en su silente corazón; nunca en su parlanchina mente.

Me juzgan loco porque no vendo mis días por oro.
Y yo los juzgo locos, porque piensan que mis días tienen precio.

Ellos despliegan frente a nosotros sus tesoros de oro y plata, de marfil y ébano, y nosotros desplegamos ante ellos nuestros corazones y nuestros espíritus.

Sin embargo, piensan ellos que son anfitriones, y que nosotros somos los huéspedes.

Sería yo el último entre los hombres que sueñan, y que tienen el deseo de realizar sus sueños, y no el más encumbrado, sin sueños ni deseos.

El hombre más digno de lástima es el que convierte sus sueños en plata y en oro.

Todos vamos subiendo hacia la cumbre del deseo de nuestro corazón. Si tu vecino, al subir, te roba tu talega y tu bolsa, y con ello agrega peso a su carga, debes tener piedad de él.
Porque la subida será más ardua para su carne, y la carga alargará su camino...
Y si tú en tu ligereza, ves que jadea ese ladrón y que su carne flaquea al subir, ayúdalo un poco; así, serás más veloz.

No puedes juzgar a ningún hombre más allá de tu conocimiento de ese hombre. ¡Y cuán reducido es tu conocimiento!

No escucharía yo al conquistador que predice a los conquistados.

El verdadero hombre libre es el que soporta el peso de su cadena pacientemente.

Hace mil años, mi vecino me dijo: "Odio la vida, porque no es sino motivo de dolor". Y ayer, al pasar por el cementerio, vi a la Vida bailando sobre su tumba.

La lucha, en la Naturaleza, no es sino el desorden, ansioso de orden.

La soledad es una callada tempestad que rompe y derriba todas nuestras ramas muertas, pero que envía nuestras raíces vivas a mayor profundidad en el viviente corazón de la viviente tierra.

Una vez hablé del mar a un arroyuelo, y el arroyuelo pensó que mi imaginación exageraba.
Y en otra ocasión hablé del arroyuelo al mar, y el mar pensó que yo era un despreciativo difamador.

¡Cuán estrecha es la visión que exalta la laboriosidad de la hormiga por encima del canto del grillo!

Es posible que la más alta virtud aquí, sea la menor, en otro mundo.

Lo hondo y lo alto van a la profundidad, o a la altura en línea recta; solamente lo espacioso puede moverse en círculos.

Si no fuera por nuestra noción de las pesas y de las medidas, nos quedaríamos atónitos ante la luciérnaga, como ante el Sol.

Un científico sin imaginación es un carnicero, con cuchillos mellados y balanzas desequilibradas.

Pero, ¿qué hacer...? No todos somos vegetarianos.

Cuando cantas, el hambriento te escucha con el estómago.

La muerte no está más cerca del anciano que del recién nacido; tampoco la vida.

Si de veras tienes que ser franco, selo humanamente; si no, guarda silencio, porque en nuestro barrio hay un hombre que se está muriendo.

Acaso un funeral entre los hombres sea una celebración de bodas entre los ángeles.

Una realidad olvidada puede morir, y dejar en su testamento mil hechos y realidades, para que se gasten en su funeral y en la construcción de su tumba.

En realidad, sólo hablamos para nosotros mismos, pero a veces hablamos en voz suficientemente alta, para que los demás puedan oírnos.

Lo evidente es eso que no se ve hasta que alguien lo expresa sencillamente.

Si la Vía Láctea no estuviera dentro de mí, ¿cómo hubiera podido verla o conocerla?

A menos que yo sea un físico entre físicos, nadie creerá que soy astrónomo.

Acaso la definición del mar, respecto a la concha, sea la perla. Acaso la definición del tiempo, respecto del carbón, sea el diamante. La fama es la sombra de la pasión que se yergue a la luz.

Una raíz es una flor que desprecia la fama.

No hay religión ni ciencia más allá de la belleza.

Todo gran hombre que he conocido tenía alguna pequeñez; y fue esa pequeñez la que impidió que el gran hombre se volviera inactivo, o loco, o que se suicidara. El verdadero gran hombre es el que no se enseñorea de nadie, ni permite que nadie lo domine.

No creeré que el hombre es mediocre, simplemente porque mata a los criminales y a los profetas, enfermo de arrogancia.

La tolerancia es amor.

Los gusanos volverán; pero ¿no es extraño que hasta los elefantes yazgan en la tierra?

Un desacuerdo puede ser el más corto atajo entre dos mentes.

Soy la llama y la mecha; y una parte de mí mismo consume la otra parte.

Todos vamos en pos de la cumbre de la montaña sagrada; pero, ¿no sería más corto nuestro camino si consideráramos el pasado un mapa, y no una guía?

La sabiduría deja de ser sabiduría cuando es demasiado orgullosa para llorar, demasiado grave para reír, y demasiado llena de sí misma para buscar a los demás.

Si me llenara de todo lo que sabes, ¿qué espacio quedaría para todo lo que no sabes?

He aprendido a callar de los parlanchines; tolerancia de los intelectuales, y bondad, de los duros de corazón. No obstante, es extraño que no sienta yo gratitud hacia tales maestros.

Un fanático es un orador más sordo que una tapia.

El silencio del envidioso es demasiado ruidoso.

Cuando llegues al final de lo que debes saber, estarás al principio de lo que debes sentir.

Una exageración es una verdad que ha perdido la compostura.

Si sólo puedes ver lo que revela la luz, y oír solamente lo que anuncia el sonido, entonces, en verdad, ni ves, ni oyes.

Un hecho es una verdad asexuada.

No puedes reír y ser despiadado al mismo tiempo.

Los más cercanos a mi corazón: un rey sin reino, y un pobre que no sabe mendigar.

Un tímido fracaso es más noble que un éxito inmodesto.

Cava en cualquier parte de la tierra, y hallarás un tesoro. Pero debes cavar con la fe del campesino.

Dijo una zorra a la que seguían veinte jinetes y una jauría de veinte perros: "Por supuesto, me alcanzarán y me matarán. Pero, ¡qué torpes son! Seguramente no valdría la pena que veinte zorras, montadas en veinte asnos, y acompañadas por veinte lobos, cazaran y mataran a un hombre".

Es la mente la que se pliega a las leyes que hemos hecho, pero nunca el espíritu que mora en nosotros.

Soy un viajero navegante, y cada día descubro una nueva región de mi alma.

Una mujer protestó diciendo: "¡Por supuesto que fue una guerra justa! ¡Mi hijo cayó en ella!"

Dije a la Vida: "Me gustaría oír hablar de la Muerte".
Y la Vida levantó la voz un poco más, y dijo: "La estás oyendo ahora mismo".

Cuando hayas resuelto los misterios todos de la vida, anhelarás la muerte, porque ésta no es sino otro misterio de la vida.

El nacimiento y la muerte son las más nobles expresiones de la osadía.

Amigo mío, tú y yo seguiremos siendo ajenos a la vida, y ajenos el uno al otro, y cada quien ajeno a sí mismo, hasta el día en que hables y yo te escuche, considerando que tu voz es mi propia voz. Y hasta el día en que yo esté en pie frente a ti y piense que estoy frente a un espejo.

Me dicen: "Si te conocieras a ti mismo, conocerías a todos los hombres". Y yo digo: "Sólo cuando busque el conocimiento de todos los hombres, me conoceré a mí mismo".

El hombre es dos hombres: uno de ellos está despierto en la oscuridad, y el otro esta dormido en la luz.

Un ermitaño es aquel que renuncia al mundo de los fragmentos, para poder gozar del mundo, plenamente, y sin interrupción.

Hay un prado verde entre el sabio universitario y el poeta; si el sabio lo cruza, se convierte en verdadero sabio; si el poeta lo cruza, llega a ser un profeta.

Ayer vi a unos filósofos en el mercado, que llevaban

sus cabezas en cestos y gritaban: "¡Sabiduría! ¡Se vende sabiduría!"
¡Pobres filósofos! ¡Necesitan vender sus cabezas, para poder alimentar sus corazones!

Dijo un filósofo a un barrendero: "Me inspiras lástima; tu trabajo es arduo y sucio". Y el barrendero de calles le respondió: "Gracias, señor. Pero, decidme, ¿cuál es vuestro trabajo?".
Y el filósofo contestó: "Estudio la mente del hombre, sus actos y sus deseos".
Luego el barrendero siguió barriendo, y dijo sonriendo: "También me inspiras lástima".

Aquel que escucha la verdad no es inferior al que dice la verdad.

Ningún hombre puede trazar la línea que separa lo necesario de lo superfluo. Solamente los ángeles pueden hacerlo, y los ángeles son sabios y pensativos.
Es posible que los ángeles sean nuestros mejores pensamientos, que vagan en el espacio.

El verdadero príncipe es aquel que encuentra un trono en el corazón del derviche.

La generosidad consiste en dar más de lo que puedes, y el orgullo, en tomar menos de lo que necesitas.

En verdad, no debes nada a ningún hombre en particular. Lo debes todo, a todos los hombres.

Todos los que han vivido en el pasado, viven ahora con nosotros. Y seguramente ninguno de nosotros sería un anfitrión poco atento...

Aquel que anhela más, vive más.

Me dicen: "Más vale pájaro en mano, que ciento volando".
Pero yo digo: "Un pájaro y un plumaje en vuelo, valen más que ciento en la mano". Buscar *ese plumaje* en vuelo es buscar la vida con pies alados; es más: tal búsqueda es la vida misma.

Sólo hay dos elementos en la vida: la belleza y la verdad. Belleza, en los corazones de los amantes; verdad, en los brazos de los labradores.

La gran belleza me extasía, pero una belleza aún mayor me libera, incluso de mí mismo.

La belleza brilla más en el corazón del que anhela, que en los ojos de quien la contempla.

Admiro al hombre que me revela su mente; honro a quien me revela sus sueños. Pero ¿por qué me siento cohibido, y hasta un poco humillado, ante quien me sirve?

Los bien dotados, en otras épocas se enorgullecían de servir a los príncipes. Ahora, consideran un honor servir a los pobres.

Los ángeles saben que muchísimos hombres prácticos se ganan el pan con el sudor de la frente del soñador.

El ingenio es, a menudo, una máscara. Si pudieras quitársela al ingenioso, descubrirías, o un genio irritado, o un talento juguetón.

El comprensivo me atribuye capacidad de comprensión, y el hastiado me considera aburrido. Creo que ambos están en lo cierto.

Sólo quienes tienen secretos en sus corazones pueden adivinar los secretos de nuestros corazones.

Aquel que comparte tu placer, pero que no comparte tu dolor, perderá la llave de una de las siete puertas del paraíso.

Sí; hay un Nirvana; consiste en llevar tus ovejas a un verde pastizal, y en llevar a tu hijo a la cama, y en escribir la última línea de tu poema.

Elegimos nuestras alegrías y nuestras penas mucho antes de sentirlas.

La tristeza no es más que una tapia entre dos jardines.

Cuando tu alegría o tu tristeza se vuelven grandes, el mundo se vuelve pequeño.

El deseo es la mitad de la vida; la indiferencia, la mitad de la muerte.

Lo más amargo de nuestra pena de hoy es el recuerdo de la alegría de ayer.

Me dicen: "Tienes que elegir entre los placeres de este mundo y la paz del otro mundo".
Y yo les digo: "He elegido, tanto los placeres de este mundo, como la paz en el otro mundo. Porque sé en mi corazón que el Supremo Poeta no escribió sino un poema, de cadencia perfecta, y de rima perfecta".

La fe es un oasis en el corazón, al que nunca llegará la caravana del pensar.

Cuando llegues a lo más alto de ti mismo, sólo desearás por desear; y sólo tendrás hambre por el hambre misma; y tendrás sed de una sed mayor.

Si revelas tus secretos al viento, no debes culpar al viento por revelarlos a los árboles.

Las flores de la primavera son los sueños del invierno, narrados en la mesa del desayuno de los ángeles.

Un zorrillo dijo a un nardo: "Mira cuán velozmente corro, mientras que tú no puedes caminar, y ni siquiera arrastrarte".
Y contestó el nardo al zorrillo: "¡Oh, muy noble y veloz corredor, por favor, corred velozmente!".

Las tortugas pueden decirnos más acerca de los caminos que las liebres.

Es extraño que las criaturas sin columna vertebral tengan las conchas más duras.

El más parlanchín es el menos inteligente, y casi no hay diferencia entre el orador y el director de subastas.

Agradece que no tengas que vivir del renombre de un padre, ni de la riqueza de un tío.
Pero, más que nada, agradece que ninguno tenga que vivir de tu renombre, ni de tu riqueza.

Un malabarista sólo me atrae cuando falla al atrapar una pelota.

El envidioso me alaba, sin saberlo.

Largamente fuiste un sueño en el sueño de tu madre, y luego, despertó, y te dio el ser.

El germen de la raza estaba en el anhelo de tu madre.

Mi padre y mi madre deseaban un hijo, y me procrearon.
Y yo deseé una madre y un padre, y engendré a la noche y al mar.

Algunos de nuestros hijos son nuestras justificaciones, y otros no son sino nuestros remordimientos.

Cuando llegue la noche y tú también estés oscuro, reposa en la cama y acepta estar oscuro.
Y cuando llegue mañana y todavía estés oscuro, le-

vántate, y di voluntariamente al día: "Todavía estoy oscuro".
Es tonto representar un papel ante el día y ante la noche. Ambas se reirán de ti.

La montaña envuelta en la niebla no es una colina; un roble bajo la lluvia no es un sauce llorón.

He aquí una paradoja: lo hondo y lo alto están más cerca uno del otro, que lo que está a medio nivel.

Cuando estuve frente a ti, como un nítido espejo, miraste en mi interior, y viste tu propia imagen.
Luego, dijiste: "Te amo".
Pero, en verdad, te amaste a ti misma, en mí.

Cuando disfrutas con amar a tu prójimo, el amor deja de ser una virtud.

El amor que no está brotando continuamente, está muriendo continuamente.

No puedes tener juventud y conciencia de ella al mismo tiempo; porque la juventud está demasiado ocupada en vivir, para saber, y el conocimiento está demasiado ocupado en buscarse a sí mismo, para vivir.

Acaso te sientes a la ventana a observar a los transeúntes.
Y al observar, acaso veas, a tu mano derecha, a una monja que pasa, y a tu izquierda, a una prostituta.
Y acaso, en tu ingenuidad, digas: "¡Cuán noble es

una, y cuán innoble la otra!" Pero debieras cerrar los ojos, y seguramente escucharías una voz que susurra en el éter: "Una de ellas me busca en la oración, y la otra, en el dolor. Y en el espíritu de cada una de ellas hay una reverencia para mi Espíritu".

Una vez cada cien años, Jesús de Nazareth se reúne con el Jesús de los cristianos en un jardín, entre los cedros del Líbano. Y hablan largamente; a cada vez, Jesús de Nazareth se despide del Jesús de los cristianos, diciendo: "Amigo mío, temo que nunca nos pondremos de acuerdo".

¡Que Dios alimente a los demasiado opulentos!

Todo gran hombre tiene dos corazones: el uno sangra, y el otro late con clemencia.

Si alguien dice una mentira que no te hiere a ti, ni a nadie más, ¿por qué no decir que la casa de sus hechos es demasiado pequeña para sus fantasías, y que tiene que salir de ella, en busca de mayor espacio?

Tras toda puerta cerrada hay un misterio sellado con siete sellos. La espera son los cascos del caballo del tiempo.

¿Cómo sabes si la dificultad no es sino una nueva ventana en el muro de tu casa que da al oriente?

Puedes olvidar a aquel con quien has reído, pero nunca a aquel con quien has llorado.

Debe de haber algo extrañamente sagrado en la sal. Está en nuestras lágrimas y en el mar.

Nuestro Dios, en su magnánima sed, nos beberá a todos; a la gota de rocío, lo mismo que a la lágrima.

No eres sino un fragmento de tu ser gigantesco; una boca que busca el pan, y una ciega mano que sostiene la copa a una boca sedienta.

Si te alzaras un codo por encima de la raza, del país y del yo, ciertamente serías parecido a los dioses.

Si estuviera en tu lugar, no vería una falla en que el barco estuviera en marea baja.

Es un buen barco, y nuestro Capitán es hábil; sólo nuestro estómago está desordenado.

Lo que anhelamos y todavía no logramos es más valioso que lo que ya hemos logrado.

Si te sentaras en una nube, no verías las líneas divisorias entre país y país, ni los mojones entre granja y granja. Es una lástima que no puedas sentarte en una nube.

Hace siete siglos, siete blancas palomas surgieron de un profundo valle para volar hasta la nevada cumbre de una montaña. Uno de los siete hombres que observaban el vuelo dijo: "Veo una mancha negra en el ala de la séptima paloma".

Hoy la gente de ese valle habla de siete palomas negras que volaron hasta la nevada cumbre de la montaña.

En el otoño, reuní a todas mis tristezas, y las enteré en mi jardín.
Y cuando regresó Abril, y la primavera llegó a celebrar sus bodas con la tierra, crecieron en mi jardín flores hermosísimas, como ninguna otras flores.
Y mis vecinos acudieron a contemplarlas, y todos me dijeron: "Cuando llegue el otoño, en la época de la siembra, ¿nos darás semillas de esas flores, para que también crezcan en nuestros jardines?".

En verdad es lastimoso que extienda yo la mano vacía a los hombres y no reciba nada; pero es más desesperante que extienda yo la mano llena de dones, y no encuentre a nadie que los reciba.

Ansío la eternidad, porque ahí encontraré mis poemas no escritos, y los cuadros que no he pintado.

El arte es un paso, de la naturaleza al infinito.
Una obra de arte es una niebla, tallada en una imagen.

Incluso las manos que hacen coronas de espinas son mejores que las manos ociosas.

Nuestras más sagradas lágrimas nunca acuden a nuestros ojos.

Todo hombre es descendiente de todos los reyes, y de todos los esclavos que han vivido en todas las épocas.

Si el bisabuelo de Jesús hubiese sabido lo que había latente en él, ¿no hubiera sentido compasión de sí mismo?

¿Fue menor el amor de la madre de Judas por su hijo, que el que le tuvo María a Jesús?

Hay tres milagros de nuestro hermano Jesús que no consigna ningún Libro: el primero que Él fue un hombre como tú y como yo; el segundo, que tenía sentido del humor, y el tercero, que Él sabía que era un conquistador, aunque conquistado.

Crucificado, estás crucificado en mi corazón; y los clavos que taladran tus manos, taladran las paredes de mi corazón.
Y mañana, cuando un forastero pase por este Gólgota, no sabrá que dos hombres sangraron aquí.
Creerá que es la sangre de un solo hombre.
Es posible que hayáis oído hablar de la Montaña Sagrada. Es la montaña más alta de nuestro mundo.
Si llegas a la cumbre, sólo tendrás un deseo: descender y morar con los que viven en el más profundo valle.
Por eso le pusieron el nombre de Montaña Sagrada.

Debo liberar con mis hechos cada palabra que he encarcelado en la expresión.

Dichos espirituales

Dichos

Descubrí el secreto del mar mediando sobre una gota de rocío.

¿Dónde puedo encontrar a un hombre gobernado por la razón y no por los hábitos y los deseos?

A medida que los dones se acrecientan, decrecen los amigos.

Si eres pobre, rehúye asociarte con aquel que mide a los hombres con la vara de la riqueza.

Prefiero ser un soñador entre los más humildes, con visiones por concretar, que señor entre aquellos carentes de sueños y deseos.

De las dos principales recompensas de la vida, la belleza y la verdad, encontré la primera en un corazón amante y la segunda en la mano de un trabajador.

La gente habla de las plagas estremeciéndose de temor, aunque de destructores como Alejandro y Napoleón habla con extática veneración.

El ahorro es un ser generoso, para todos excepto para los avaros. Los vi comiendo y supe quiénes eran.

Un hombre no puede descender más bajo que cuando convierte sus sueños en oro y plata.

Alguien dijo a un tercero parlanchín: "Tu conversación alivia y cura el doliente corazón". A lo cual enmudeció y pretendió ser médico.

¿Qué puedo decir del hombre que me abofetea cuando beso su rostro y que besa mi pie cuando lo abofeteo?
¡Qué dura es la vida de aquel que pide amor y recibe pasión!

Para aproximarte a Dios, aproxímate a la gente.

El matrimonio es la vida o la muerte; no hay término medio.

Guardadme del hombre que dice: "Soy el candil que ilumina el camino de la gente"; pero acercadme a aquel que busca su camino a través de la luz de la gente.

Vivir en la mente es esclavitud, a menos que la mente se haya convertido en una parte del cuerpo.

Algunos piensan que les hago un guiño cuando cierro los ojos para eludir su imagen.

Mis evidencias convencen al ignorante, y las evidencias del sabio me convencen a mí. Pero a aquel cuyo razonamiento está entre la sabiduría y la ignorancia, a ése no puedo convencerlo, ni él puede convencerme a mí.

Si la recompensa es la meta de la religión, si el patriotismo sirve a intereses egoístas, y se persigue la educación para medrar, entonces prefiero ser un descreído, un apátrida y un humilde ignorante.

El tiempo llegará en que la gente niegue el parentesco con nosotros así como nosotros negamos parentesco con los monos.

Algunos oyen con las orejas, algunos con el estómago, algunos con el bolsillo; y algunos no oyen en absoluto.

Algunas almas son como esponjas. Al exprimirlas, nada puedes obtener de ellas, excepto lo que ellas han absorbido de ti.

Si hubiera dos hombres semejantes, el mundo no sería suficientemente grande para contenerlos.

Ésta es la historia del hombre: nacimiento, matrimonio y muerte; y nacimiento, matrimonio y muerte; y nacimiento, matrimonio y muerte.
Pero entonces un loco con ideas extrañas aparece ante la gente y cuenta un sueño de un mundo diferente cuyas criaturas, más ilustradas, ven en sus sueños algo más que nacimiento, matrimonio y muerte.

Trae el desastre a su nación aquel que nunca siembra una semilla, o pone un ladrillo, o teje una prenda, pero hace de la política su ocupación.

Adornándose, uno reconoce su fealdad.

Dicen que el silencio reside en el contentamiento; pero yo os digo que la negación, la rebelión y el desprecio moran en el silencio.

Aún tengo que encontrar al ignorante cuyas raíces no estén clavadas en mi alma.

La Verdad es la hija de la Inspiración; el análisis y el debate mantienen a la gente alejada de la Verdad.

Aquel que te perdona un pecado que no has cometido, se perdona a sí mismo su propio crimen.

El expósito es un infante cuya madre lo concibió entre el amor y la fe, y lo dio a luz entre el miedo y el desvarío de la muerte. Lo envolvió con un resto viviente de su corazón y lo dejó en la puerta del orfanato y partió con la cabeza gacha bajo la pesada carga de su cruz. Y para completar su tragedia, tú y yo la vituperamos; "¡Qué desgracia, qué desgracia!"

La ambición es una especie de trabajo.

La división entre el sabio y el necio es más delgada que la tela de araña.

Algunos buscan el placer en el dolor; y otros no pueden limpiarse sino con suciedad.

El miedo al infierno es el infierno mismo, y el anhelo del paraíso es el paraíso mismo.

No debemos olvidar que todavía existen habitantes de las cavernas; las cavernas son nuestros corazones.

Podemos cambiar con las estaciones, pero las estaciones no nos cambiarán a nosotros.

Tres cosas me gustan de la literatura: la rebelión, la perfección y lo abstracto. Y las tres cosas que odio en ella son la imitación, la distorsión y la complejidad.

Si eliges entre dos males, deja que tu elección recaiga sobre lo obvio antes que sobre lo oculto, a pesar de que lo primero aparezca más grande que lo segundo.

Libradme de aquel que no dice la verdad a menos que esté atormentado; y del hombre de buena conducta y malas intenciones; y de aquel que adquiere autoestima criticando a los demás.

La canción del mar, ¿termina en la costa o en el corazón de aquellos que la escuchan?

El rico reclama parentesco con aquellos de noble origen; y el de noble casta busca matrimonio entre los ricos; y uno desprecia al otro.

La mayoría de nosotros oscila dudosamente entre la muda rebelión y la parlanchina sumisión.

El malintencionado nunca alcanza a lograr su propósito.

El supremo estado del alma es obedecer aun a aquello contra lo que la mente se rebela. Y el más bajo estado de la mente es rebelarse contra aquello que el alma obedece.

Me alimentan con la leche de su compasión; si solamente supieran que fui destetado de ese pezón desde el día de mi nacimiento.

El hombre espiritual es aquel que ha experimentado todas las cosas terrenales, y se ha rebelado contra ellas.

Es extraño que la virtud no me cause nada más que daño, mientras que mi maldad nunca me ha ocasionado perjuicio. Aun así, continúo siendo fanático de mi virtud.

Oh, corazón, si el ignorante te dice que el alma perece como el cuerpo, tú respóndele que la flor perece, pero la semilla permanece. Ésta es la ley de Dios.

Si deseas ver los valles, trepa a la cima de la montaña; si deseas ver la cima de la montaña, elévate a las nubes; pero si aspiras a entender las nubes, cierra los ojos y piensa.

La vida nos besa ambas mejillas
De día y de mañana,
Pero ríe de nuestros actos
De tarde y de madrugada.

Escucha a la mujer cuando te mira, pero no cuando te habla.

El afecto es la juventud del corazón, y el pensamiento es la madurez del corazón; pero la oratoria es su senilidad.

¿Quién de nosotros escucha el himno del arroyo cuando habla la tempestad?

Dura es la vida para aquel que desea la muerte, pero continúa viviendo por el bien de sus seres queridos.

Vagaba por inexplorados lugares de la tierra cuando fui apresado y convertido en esclavo. Luego fui liberado y me convertí en un ciudadano común y, a su tiempo, en mercader, erudito, ministro, rey, tirano. Después de ser destronado me convertí en agitador, maleante, impostor, vagabundo, luego en esclavo perdido en el inexplorado reino de mi alma.

Así como entre cuerpo y alma hay un lazo, así también el cuerpo y su medio ambiente uno a otro están ligados.

No te contentes con poco; aquel que lleve a la fuente

de la vida una jarra vacía, retornará con dos jarras colmadas.

Aquel que nos mire a través de los ojos de Dios, verá nuestra desnuda realidad esencial.

Dios hizo la Verdad con muchas puertas para dar la bienvenida a todos los creyentes que llamaran a ellas.

La flor que crece por encima de las nubes no se marchitará jamás. Y la canción cantada por los labios de las novias del alba no se desvanecerá jamás.

Aquel que filosofa es como un espejo que refleja los objetos que no puede ver, como una caverna que devuelve el eco de las voces que no oye.

Poeta es aquel que te hace sentir, tras haber leído su poema, que sus mejores versos aún no han sido compuestos.

El tirano reclama vino dulce de las uvas ácidas.

¿Quién entre los hombres puede vagar por el fondo del mar como si estuviera paseándose por el jardín?

¿Crees que puedes comprender la sustancia inquiriente acerca de los propósitos? ¿Puedes reconocer el sabor del vino mirando la jarra?

De mi oscuridad surgió una luz e iluminó mi sendero.

Nuestras almas atraviesan espacios en la Vida que no son mensurables en Tiempo, esa invención del hombre.

Aquel que se revela a sí mismo lo que su conciencia ha prohibido, comete un pecado. Y es también un pecador aquel que se niega a sí mismo lo que su conciencia ha revelado.

"La Poesía es el secreto del Alma. ¿Por qué entonces balbucearla en palabras?

La Poesía es una llama en el corazón, pero la retórica es copos de nieve. ¿Cómo pueden reunirse la llama y la nieve?

La Poesía es la comprensión del todo. ¿Cómo puedes entonces comunicársela a aquel que no comprende sino una parte?

Cuán gravemente el glotón aconseja al hambriento que soporte los tormentos del hambre.

Los gobiernos representativos eran, en el pasado, el fruto de las revoluciones; hoy son una consecuencia económica.

Una nación débil debilita a sus fuertes y fortalece a los débiles de una nación poderosa.

El pesar del amor canta, la tristeza del conocimiento habla, la melancolía del deseo susurra, y la angustia de la pobreza llora. Pero hay una pena más profunda que el amor, más sublime que el conocimiento, más fuerte que el deseo, y más amarga que la pobreza. Es muda y no tiene voz; sus ojos resplandecen como estrellas.

El secreto del cantar se encuentra entre la vibración de la voz cantante y el latido del corazón del oyente.

El amor es una trémula felicidad.

Un cantante no puede deleitarse con su canción a menos que a sí mismo le deleite cantar.

Cuando, en la desgracia, buscas la conmiseración de tu vecino, le das una parte de tu corazón. Si es bondadoso, te lo agradecerá; si es insensible te desdeñará.

No progresas mejorando lo que ya está hecho, sino esforzándote por lograr lo que aún queda por hacer.

Un sabio se encontró con un estúpido magnate y discutieron sobre la educación y la riqueza. Cuando se separaron, el sabio no encontró nada en su mano salvo un puñado de polvo, y el magnate no descubrió nada en su corazón salvo una bocanada de niebla.

La verdad que necesita prueba es sólo verdad a medias.

Libradme de la sabiduría que no llora, y de la filosofía que no ríe, y del orgullo que no inclina la cabeza ante un niño.

Hay entre la gente asesinos que aún no han derramado sangre, y ladrones que no han robado nada, y mentirosos que hasta ahora han dicho la verdad.

Con marea baja escribí
Una línea sobre la arena
Y puse todo mi corazón en ella
Y mi alma toda.
Con marea alta regresé
A leer lo que había escrito
y hallé mi ignorancia sobre la costa.

Es corto de vista aquel que sólo mira el sendero que transita y el muro en el que se reclina.

Piensan que la virtud es aquello que me acosa y alivia a mi vecino, y que el pecado es aquello que me alivia y acosa a mi vecino. Que sepan que puedo ser tanto santo como pecador, lejos de ellos, en mi ermita.

Examina tus cuentas de ayer y encontrarás que aún estás en deuda con la gente y con la vida.

La ternura y la amabilidad no son signos de debilidad o desesperación, sino manifestaciones de fuerza y resolución.

La pobreza puede velar la arrogancia, y el dolor de la calamidad trata de buscar la máscara de la simulación.

El hambriento salvaje arranca una fruta del árbol y se la come. El hambriento ciudadano de la sociedad civilizada le compra una fruta a uno que se la compró a otro que se la compró a aquel que la arrancó del árbol.

Cuando planté mi dolor en el campo de la paciencia, dio frutos de felicidad.

El Arte es un paso en lo conocido hacia lo desconocido.

Las nueve desdichas

Desdichada la nación que abandona la religión por la creencia, el sendero en el campo por el callejón en la ciudad, la sabiduría por la lógica.

Desdichada la nación que no hila lo que usa, ni planta lo que come, ni prensa la uva para el vino que bebe.

Desdichada la nación conquistada que ve la pompa del vencedor como la perfección de la virtud, y ante cuyos ojos la fealdad de conquistador es belleza.

Desdichada la nación que combate los agravios en sueños, pero se doblega ante el mal en la vigilia.

Desdichada la nación que no eleva su voz salvo en los funerales, que sólo ante la tumba muestra aprecio, que espera para rebelarse hasta que su cuello está bajo el filo de la espada.

Desdichada la nación cuya política es sutileza, cuya filosofía es prestidigitación, cuya industria es remiendo.

Desdichada la nación que recibe a un conquistador con pífanos y tambores, y que luego lo abuchea para recibir a otro conquistador con cantos y trompetas.

Desdichada la nación cuyo sabio no tiene voz, cuyo campeón es ciego, cuyo abogado es un charlatán.

Desdichada la nación en que cada tribu afirma ser una nación.

La educación no siembra semillas en ti, pero hace que tus semillas crezcan.

Comes apresurado pero caminas pausadamente. ¿Por qué entonces, no comes con los pies y caminas sobre la palma de las manos?

Al erudito que estaba hecho de pensamiento y afectividad, el habla le fue concedida. Al investigador que estaba hecho de habla, un poco de pensamiento y afectividad le fueron concedidos.

El entusiasmo es un volcán en cuya cima no crece jamás la hierba de la indecisión.

Puede romperse la piedra del molino, pero el río continúa su curso hacia el mar.

La inspiración está en ver una parte del todo con la parte del todo que hay en ti.

La contradicción es la forma más baja de la inteligencia.

Ver que los ardides del zorro triunfan sobre la justicia del león, lleva al creyente a dudar de la justicia.

Temerle al demonio es una manera de dudar de Dios.

Los esclavos son la imperfección de los reyes.

La dificultad con que nos encontramos para alcanzar nuestra meta es el sendero más corto para llegar a ella.

Me dicen: "Si encuentras un esclavo dormido no lo despiertes, puede estar soñando con la libertad". Y yo respondo: "Si encuentras un esclavo dormido, despiértalo y háblale de la libertad".

Bajo la luz del ojo del hombre, el mundo parece más grande de lo que es.

Cuando la tierra exhala, nos da la luz. Cuando inhala, la muerte es nuestro sino.

Eso que llamamos inteligencia es, en la mente de algunos, sólo una inflamación local.

El arte surge cuando la visión secreta del artista y la manifestación de la naturaleza concuerdan para hallar nuevas formas.

El martirio es la caída voluntaria del alma suprema hasta el nivel del caído.

La compulsión es un espejo en el cual aquel que mire largo rato, verá su yo interior intentando suicidarse.

Aquello que crees feo, es nada más que la felonía de lo externo dirigida al yo interior.

Todos somos prácticos para con nuestro propio interés e idealistas con el que les concierne a otros.

Tengo lástima de aquel cuyos labios y lengua se retuercen con palabras de elogio mientras su mano se extiende para mendigar.

Es virtuoso aquel que no se absuelve a sí mismo de las imperfecciones de los demás.

Descubrir que la profecía en la gente es como el fruto en el árbol, es conocer la unidad de la vida.

La Historia no se repite, excepto en las mentes de aquellos que no saben Historia.

El mal es una criatura incongruente, perezosa para obedecer la ley de continuidad de la congruencia.

¿Por qué algunos extraen agua de tu mar y alardean de su riachuelo?

Es libre aquel que soporta con paciencia la carga del esclavo.

La belleza en el corazón que la ansía es más sublime que en los ojos del que la ve.

Todo innovador es un reformador. Si está en lo cierto, guía al pueblo por la senda correcta. Si está desacertado, el fanatismo que provoca en ellos, lo anima a reclamar sus derechos.

Los proverbios carecen de sentido hasta que no se encarnan en hábitos.

La necesidad de explicación es un signo de debilidad del texto.
La fe es una certeza dentro del corazón, que trasciende toda comprobación.

La humanidad es una divinidad escindida por fuera y unida por dentro.

Aquel que viene ataviado con sus mejores galas al funeral de su vecino usará harapos en la boda de su hijo.

De acuerdo al proverbio árabe, no existen tales cosas como el Fénix, el Vampiro o el Verdadero Amigo del Alma; pero yo os digo que a todos ellos he encontrado entre mis vecinos.

El creador no presta atención al crítico a menos que se convierta en un inventor estéril.

La prosperidad llega a través de dos cosas: la explotación de la tierra y la distribución de su producción.

El justo está próximo al corazón de la gente, pero el misericordioso está próximo al corazón de Dios.

Los excesos provienen de la locura, o bien del ingenio.

Aquel que compadece a la mujer, la desprecia. Aquel que le atribuye los males de la sociedad, la oprime. Aquel que piensa que la bondad y la maldad de la mujer derivan de su propia bondad y maldad, es descaradamente pretencioso. Pero aquel que la acepta tal como Dios la hizo, le hace justicia.

La pobreza es una temporaria imperfección, pero la riqueza excesiva es un padecimiento perdurable.

Los recuerdos son un traspié en el sendero de la Esperanza.

Nuestro peor error es preocuparnos por los errores de los demás.

Siempre que hablo cometo errores, porque mis pensamientos se originan en el mundo de las abstracciones y mis afirmaciones en el mundo de las relaciones.

La poesía es un relámpago; se convierte en una mera composición cuando es una combinación de palabras.

Si no fuera por la vista y el oído, la luz y el sonido no serían nada más que confusión y pulsaciones en el espacio. De la misma manera, si no fuera por el corazón que amas, tú hubieras sido un leve polvo llevado y desparramado por el viento.

El amor apasionado es una insaciable sed.

Nadie cree en el sincero, excepto el honesto.

Si deseas entender a una mujer, observa su boca cuando sonríe; pero para estudiar a un hombre, observa el blanco de sus ojos cuando está enojado.

Las artes de las naciones

El arte de los egipcios está en lo oculto.
El arte de los caldeos está en el cálculo.
El arte de los griegos está en la proporción.
El arte de los romanos está en el eco.
El arte de los chinos está en la etiqueta.
El arte de los hindúes está en sopesar el bien y el mal.
El arte de los judíos está en su sentido de la
    predestinación.
El arte de los árabes está en la reminiscencia y la
    exageración.
El arte de los persas está en la melindrosidad.
El arte de los franceses está en el refinamiento.
El arte de los ingleses está en el análisis y la
    autocomplacencia.
El arte de los españoles está en el fanatismo.
El arte de los italianos está en la belleza.
El arte de los alemanes está en la ambición.
El arte de los rusos está en la tristeza.

Alguien me dio un cordero y yo le di un camello hembra. Luego me ofreció dos corderos y yo le devolví con dos camellos hembras. Tiempo después vino a mi corral y contó mis nueve camellos. Entonces me dio nueve corderos.

El más útil entre la gente es aquel que está distante de la gente.

Tu yo consta de dos partes: una imagina que se conoce a sí misma y la otra que la gente lo conoce.

La ciencia y la religión están en pleno acuerdo, pero la ciencia y la fe están en completo desacuerdo.

Los sometidos son los más ansiosos por saber acerca de los reyes.

Cuidar a un paciente es una forma de conservación.

Si la existencia no hubiera sido mejor que la no-existencia, no existiría el ser.

Cuando llegues al fin de tu peregrinaje, todo lo verás bello, aun cuando tus ojos nunca hayan visto la belleza.

Arrojaré mis alhajas a los cerdos para que las devoren y mueran de glotonería o de indigestión.

¿Puede cantar aquel cuya boca está repleta de suciedad?

Hay dos clases de poetas: el intelectual con una personalidad adquirida, y el inspirado que era un yo aún antes de que comenzara su adiestramiento humano. Pero la diferencia entre la inteligencia y la inspiración en la poesía es como la diferencia entre las afiladas uñas que desgarran la piel y los labios etéreos que besan y curan las llagas del cuerpo.

Para entender el corazón y la mente de una persona, no te fijes en lo que ha logrado sino en lo que aspira a hacer.

Aquel que contempla las imágenes pequeñas y cercanas, tendrá dificultad para ver y distinguir aquellas grandes y remotas.

Me avergüenzan los elogios, pero el panegirista continúa declamando y me hace parecer desvergonzado ante el mundo entero.

Cuando meditaba acerca de Jesús, siempre lo veía como un pequeño en el pesebre mirando el rostro de Su madre María por primera vez, o mirando desde la Cruz el rostro de Su madre María por última vez.

Todos somos guerreros en la batalla de la Vida, pero algunos guían y otros los siguen.

Las almas son fuegos cuyas cenizas son los cuerpos.

La pluma es un cetro. ¡Pero cuán escasos reyes hay entre los escritores!

Aquel que oculta sus intenciones detrás de floridas palabras de elogio, es como una mujer que busca esconder su fealdad detrás de los cosméticos.

Si supiera la causa de mi ignorancia sería un sabio.

La mariposa continuará revoloteando sobre el campo y las gotas de rocío brillarán aún sobre la hierba, cuando se hayan aplanado las pirámides de Egipto y los rascacielos de Nueva York no existan más.

¿Cómo podemos oír la canción de los campos si nuestros oídos tienen que contener todo el clamor de la ciudad?

El comercio es un robo, a menos que sea un trueque.

El mejor de los hombres es aquel que se sonroja cuando lo elogias y permanece en silencio cuando lo difamas.

El dolor que acompaña al amor, a la invención y a la responsabilidad, también provoca deleite.

Lo que un hombre revela se diferencia de lo que oculta, como la lluvia que cae sobre los campos se diferencia de la nube que se vislumbra amenazante por encima de las montañas.

El químico que pueda extraer de los elementos de su corazón compasión, respeto, añoranza, paciencia, compunción, sorpresa y clemencia, y combinarlos a todos para formar uno sólo, podrá crear ese átomo llamado *Amor*.

Aquel que necesite apremio para realizar un acto noble no logrará realizarlo jamás.

El fuerte crece en soledad mientras que el débil se marchita.

Dicen que si uno se comprende a sí mismo, comprende a todos los demás. Pero yo os digo, cuando uno ama a los demás aprende algo acerca de sí mismo.

Nunca nadie me ha impedido hacer aquello en lo que él mismo no tuviera interés.

La fama agobia los hombros de un hombre excelente, y por la forma en que lleva su carga la gente lo juzga. Si la lleva sin detenerse, será promovido al rango de héroe; pero si su pie resbala y cae, se lo cuenta entre los impostores.

El optimista ve las rosas y no sus espinas; el pesimista ve las espinas, ajeno a la rosa.

Los anhelos y los deseos son la ocupación de la Vida. Debemos luchar para concretar los anhelos de la Vida y ejecutar sus deseos, aun en contra de nuestra voluntad.

Aquel que no logra entender el carácter de Sócrates, es hechizado por Alejandro; cuando no puede comprender a Virgilio, elogia a César; si su mente no puede discernir el pensamiento de Laplace, sopla su cuerno y toca su tambor por Napoleón. Y he notado que en la mente de aquellos que admiran a Alejandro, a César o a Napoleón, siempre encuentro un atisbo de servilismo.

Cuando el hombre inventa una máquina, la maneja, luego la máquina comienza a manejarlo a él, convirtiéndolo en esclavo de su esclavo.

La virtud de algunos ricos es que nos enseñan a despreciar la riqueza.

La oratoria es un ardid con que la lengua engaña al oído, pero la elocuencia es la unión del alma con el corazón.

La civilización comenzó cuando por primera vez el hombre cavó la tierra y plantó una semilla.

La religión comenzó cuando el hombre discernió la compasión del sol por la semilla que él había sembrado en la tierra.

El arte comenzó cuando el hombre glorificó al sol con un himno de gratitud.

La filosofía comenzó cuando el hombre comió el producto de la tierra y se indigestó.

La valía de un hombre radica en las pocas cosas que crea y no en las muchas posesiones que acumula.

No hay riqueza verdadera que trascienda las necesidades de un hombre.

Toda nación es responsable de cada acto de sus individuos.

¿Quién puede separarse de sus pesares y su soledad sin que su corazón sufra?

Porque la voz no necesita llevar lengua ni labios en sus alas, es que penetra los cielos; de la misma manera, no lleva su nido el águila sino que se remonta solitaria en el vasto firmamento.

El amor no conoce su profundidad hasta la hora de la separación.

La Fe percibe la Verdad antes de lo que puede hacerlo la Experiencia.

La mayoría de los escritores remiendan sus andrajosos pensamientos con remiendos de los diccionarios.

Las inhibiciones y las prohibiciones religiosas ocasionan más daño que la anarquía.

Las redes de la ley están ideadas para atrapar sólo a criminales de poca monta.

La modestia fingida es imprudencia embellecida.

El coraje, que es el sexto sentido, halla el camino más corto hacia el triunfo.

La castidad del cuerpo puede ser la mezquindad del espíritu.

Sálvame, Señor, de la lengua de la víbora, y de aquel que no logra obtener la fama que ansía.

Aún no he encontrado a un hombre fatuo que no esté internamente desconcertado.

Tememos a la muerte, aunque ansiamos el letargo y los sueños bellos.

Algunos que son demasiado escrupulosos para robar tus posesiones, no ven, sin embargo, nada malo en manosear tus pensamientos.

Nuestra pena por los muertos puede ser una forma de los celos.

Todos admiramos la fuerza, pero ésta impresiona más a la mayoría cuando no tiene forma ni estabilidad. Pocos son aquellos que respetan la fuerza cuando está claramente definida y tiene metas significativas.

La luz de las estrellas extinguidas hace mucho tiempo aún llega hasta nosotros. Lo mismo ocurre con los grandes hombres que murieron siglos atrás, pero aún hacen llegar hasta nosotros las radiaciones de su personalidad.

Sultán de sultanes es aquel que ha ganado el amor de los pobres.

No hay ninguna comodidad en la civilización de hoy que no cause incomodidad. Tu confianza en la gente, y tus dudas acerca de ella, están estrechamente relacionadas con tu autoconfianza y con las dudas que de ti mismo tengas.

Requerimos libertad de palabra y libertad de prensa, aunque no tengamos nada que decir ni nada que valga la pena imprimir.

A vosotros que alabáis ante mí el "feliz término medio", como modo de vida, os replico: "¿Quién quiere estar tibio entre frío y caliente, o temblar entre la vida y la muerte, o ser gelatina, ni líquida ni sólida?".

La fuerza y la tolerancia son socios.

El amor y la vacuidad en nosotros son como el flujo y el reflujo del mar.

La pobreza se oculta en el pensamiento antes de rendirse al dinero.

El hombre solamente descubre, nunca puede inventar ni inventará.

El trabajo de la filosofía es descubrir el camino más corto entre dos puntos.

¿No sería más económico que los gobiernos construyeran asilos para los sanos en vez de para los dementes?

La piedra más sólida de una estructura es la que está más abajo en los cimientos.

Cuando no recompensé a aquel que me elogió, refunfuñó y se quejó. Y yo sufrí en silencio Y la gente se rió de él.

Hasta las leyes de la Vida obedecen a las leyes de la Vida.

De la indolencia de mi pueblo, aprendí a ser audaz.

El más digno de elogio es aquel a quien, injustamente, la gente se rehúsa a elogiar.

El verdadero hombre religioso no abraza una religión; y aquel que la abraza no tiene religión.

La mayoría de los hombres de sentimientos delicados, se apresuran a herir tus sentimientos para impedir que te les adelantes y hieras los de ellos.

El escritor que extrae su material de un libro es como aquel que pide dinero en préstamo para volver a prestarlo.

Cuando sobre mi puerta escribí:
"Deja afuera tus traiciones,
Antes de entrar",
Ni un alma se atrevió
A visitarme o a abrir mi puerta.

Distingue entre el obsequio que es un insulto y el obsequio que es una manifestación de respeto.

Se habla más de aquel que está en desacuerdo que de aquel que está de acuerdo.

Nunca dudé de una verdad que necesitara explicación, a menos que descubriera que debía analizar la explicación.

La dulzura está más próxima a la amargura que a la decadencia, no importa cuán dulzona huela.

La esencia de todo lo que hay sobre la tierra, lo visible y lo oculto, es espiritual. Al entrar a la ciudad invisible, mi cuerpo se cubre con mi espíritu. Quien busque escindir el cuerpo del espíritu, o el espíritu del cuerpo, aleja su corazón de la verdad. La flor y su fragancia son una; ciegos son aquellos que niegan el color y la imagen de la flor, diciendo que posee sólo la fragancia vibrando en el éter. Son como aquellos deficientes en el sentido del olfato, para quienes las flores no son nada más que formas y matices desprovistos de fragancia.

Todo lo creado dentro tuyo, y todo lo que hay en ti existe en la creación. Estás, en contacto ilimitado con las cosas más próximas y, más aún, la distancia no es suficiente para separarte de las cosas distantes. Todo, desde lo más bajo hasta lo más sublime, desde lo más pequeño hasta lo más grande, existe en ti por igual. En un átomo se encuentran todos los elementos de la tierra. Una gota de agua contiene todos los secretos de los océanos. En un impulso de la mente se encuentran todos los impulsos de todas las leyes de la existencia.

Dios ha puesto en cada alma un apóstol para que nos guíe por el sendero de la iluminación. Sin embargo, muchos buscan la vida en lo externo sin reparar en que está dentro de ellos.

En la educación, la vida de la mente avanza gradualmente del experimento científico a la teoría intelectual, al sentimiento espiritual, y luego a Dios.

Aún seguimos examinando las conchas marinas como si fueran todo cuanto emerge del mar de la vida a la cosa del día y de la noche.

El árbol que planea engañar a la vida viviendo a la sombra, se marchita cuando es arrancado y replantado bajo el sol.

Los idiomas, los gobiernos y las religiones se forman del polvo dorado que se eleva a ambos lados del camino por el que la noble vida del hombre avanza.

El espíritu de Occidente es nuestro amigo si lo aceptamos, pero nuestro enemigo si nos dejamos poseer por él; nuestro amigo si le abrimos nuestros corazones, nuestro enemigo si se lo entregamos; nuestro amigo si tomamos de él lo que nos conviene, nuestro enemigo si dejamos que nos use a su conveniencia.

El agotamiento condena a todas las naciones y a todos los pueblos; es una agonía soñolienta, la muerte en una especie de letargo.

El alfarero puede modelar una jarra de vino con arcilla, pero no con arena ni con grava.

La aflicción y los lamentos son propios de aquellos que, hallándose ante el trono de la vida, parten sin dejar en sus manos ni una gota del sudor de sus frentes ni de la sangre de sus corazones.

Devoramos el pan de la caridad porque estamos hambrientos; nos revivifica, luego nos mata.

¡Qué horrible es el afecto que pone un ladrillo en un lado de una estructura y destruye una pared en el otro lado!

¡Qué salvaje es el amor que planta una flor y desarraiga un campo; que nos revive por un día y nos confunde por una eternidad!

Los medios para revivir una lengua están en el corazón del poeta y en sus labios y entre sus dedos. El poeta es el intermediario entre el poder creador y la gente. Es el telégrafo que transmite las noticias del mundo del espíritu al mundo de la investigación. El poeta es el padre y la madre de la lengua, que va donde él vaya. Cuando el poeta muere, la lengua permanece postrada sobre su tumba, gimiendo abandonada, hasta que otro poeta viene y la levanta.

La calamidad de los hijos estriba en las dotes de los padres. Y aquel que no las niegue, permanecerá esclavo de la Muerte hasta que muera.

Los estremecimientos de la gente sacudida por la tormenta de la vida los hace parecer vivos. Pero en realidad han estado muertos desde el día de su nacimiento y yacen insepultos, y el hedor de la decadencia emana de sus cuerpos.

Los muertos tiemblan ante la tempestad pero los vivos caminan con ella.

Extraños son los que se adoran a sí mismos, puesto que adoran carroña.

Hay misterios en el alma que ninguna hipótesis puede descubrir ni ninguna conjetura revelar.

Porque nació del miedo y vive como un cobarde, el hombre se esconde en las grietas de la tierra cuando ve acercarse la tempestad.

El pájaro posee un honor que el hombre no posee. El hombre vive atrapado por sus leyes y tradiciones fabricadas; pero los pájaros viven de acuerdo con la ley natural de Dios, que hace que la tierra gire alrededor del sol.

Una cosa es creer, y otra es hacer. Muchos hablan como el mar pero sus vidas son pantanos estancados. Otros elevan sus cabezas por encima de las cumbres de las montañas, mientras sus almas se adhieren a las oscuras paredes de las cavernas.

La adoración no requiere reclusión ni soledad.

La plegaria es el canto del corazón que se abre paso

hasta el trono de Dios aun cuando se enmarañe entre los lamentos de miles de almas.

Dios hizo que nuestros cuerpos fueran templos para nuestras almas, y deben mantenerse fuertes y limpios para ser dignos de la deidad que los ocupa.
¡Qué distante me siento de la gente cuando estoy con ella, y qué próximo cuando estoy alejado!

La gente respeta la maternidad solamente cuando usa el ropaje de sus leyes.

El amor como la muerte, todo lo cambia.

Las almas de algunos son como pizarrones escolares donde el Tiempo escribe signos, reglas y ejemplos, que son inmediatamente borrados con una esponja húmeda.

La realidad de la música está en esa vibración que permanece en el oído después de que el cantante termina su canción y el músico no pulsa más las cuerdas.

¿Qué diré de aquel que me pide prestado dinero para comprar una espada con la que atacarme?

Mi enemigo me dijo: "Ama a tu enemigo". Y yo le obedecí y me amé a mí mismo.

El negro le dijo al blanco: "Si fueras gris, yo sería indulgente contigo".

Muchos que conocen el precio de todo ignoran su valor.

La historia de todos los hombres está escrita sobre sus frentes, pero en un idioma que nadie, excepto aquel que recibe una revelación, puede leer.

Muéstrame el rostro de tu madre; yo te diré quién eres. Conozco a su padre; ¿cómo pretendes que no lo conozca a él?

La libertad de aquel que de ella alardea es una esclavitud.

Algunos me agradecen públicamente, no para expresarme su gratitud, sino para hacer público que han percibido mi talento, y ser, así, admirados.

El buen gusto no estriba en elegir correctamente, sino en percibir en algo la unidad natural entre sus cantidades y cualidades.

La vulgaridad de algunos es preferible a la delicadeza de otros.

Cuando la gente aborrece aquello que no puede comprender, es como aquel que arde de fiebre y a quien el manjar más exquisito le resulta insulso.

Amo a los niños de rostro lampiño, y también a los barbados hombres maduros, si es que en verdad han dejado la cuna y los pañales.

El lobo devora al cordero en la oscuridad de la noche pero las manchas de sangre subsisten para acusarlo al día siguiente.

La persecución no hace sufrir al justo, ni lo destruye la opresión si está del lado de la Verdad. Sócrates sonrió al beber el veneno, y Esteban sonrió al ser lapidado. Lo que hiere verdaderamente es nuestra conciencia, que padece cuando la contradecimos y muere cuando la traicionamos.

Las épocas en marcha pisotean las obras del hombre, pero no arrasan con sus dueños ni debilitan sus impulsos creadores. Éstos permanecen porque forman parte del Espíritu Eterno, aunque se oculten o se duerman de tanto en tanto, imitando al sol en el crepúsculo, y a la luna al alba.

La joven libanesa es como una fuente que mana del corazón de la tierra y fluye a través de sinuosos valles. Como puede hallar salida al mar, se convierte en un calmo lago que refleja sobre su creciente superficie las resplandecientes estrellas y la brillante luna.

¿Acaso no he sobrevivido al hambre y la sed, sufriente y burlado por el bien de la verdad que el cielo ha despertado en mi corazón?

La verdad es la voluntad y el propósito de Dios concretados en el hombre.

Seguiré el sendero hasta donde mi destino y mi misión por la Verdad me lleven.

El hombre que hereda su riqueza construye su mansión con dinero arrebatado al débil y al pobre.

Los últimos pasos del pájaro asesinado son dolorosos, involuntarios y ciegos; pero aquellos que presencian esa espantosa danza, saben qué la causó.

Es un traidor aquel que utiliza las Sagradas Escrituras como una amenaza para obtener dinero.... un hipócrita aquel que usa la cruz como espada.... un lobo disfrazado de cordero.... un glotón aquel que adora la buena mesa más que los altares.... una criatura hambrienta de riqueza aquella que corre detrás de una moneda que rueda hasta las más remotas tierras.... Un tramposo aquel que hurta a las viudas y a los huérfanos. Ése es un ser monstruoso, con pico de águila, garras de tigre, dientes de hiena, y colmillos de víbora.

Dios ha puesto a vuestros corazones una antorcha que resplandece de sabiduría y belleza; es un pecado extinguirla y sepultarla en las cenizas.

Dios ha hecho alados vuestros espíritus para volar por el vasto firmamento del Amor y la Libertad. Qué lamentable es que cercenéis vuestras alas con vuestras propias manos y que vuestro espíritu sufra arrastrándose sobre la tierra como un gusano.

La filosofía de la lógica

Una noche lluviosa, en la ciudad de Beirut, Salem Effandy Daybis se sentó en su biblioteca, ante un anaquel, y comenzó a hojear un viejo volumen. Sus gruesos labios dejaban escapar densas bocanadas del humo que aspiraba de un cigarrillo turco. Estaba leyendo el diálogo de Sócrates acerca del autoconocimiento registrado por su discípulo Platón.

Salem Effandy meditó sobre lo que había leído, y se sintió repleto de admiración por los sabios y filósofos de Oriente y Occidente.

"Conócete a ti mismo", dijo, imitando a Sócrates, y levantándose de un salto de la silla, alzó los brazos y exclamó: "Sin duda, debo conocerme a mí mismo y penetrar en mi corazón secreto, y así arrojaré de mí la duda y la ansiedad. Mi deber capital es develar mi ser ideal a mi ser material, y luego develar los secretos de mi existencia de carne y hueso a mi esencia abstracta".

Presa de un inusitado fervor, sus ojos resplandecían de amor por el conocimiento... por el autoconocimiento.

Luego se dirigió al cuarto vecino y permaneció como una estatua ante el espejo, escrutando su yo espiritual y cavilando acerca de la forma de su cabeza, su rostro, del tronco y los miembros de su cuerpo.

Durante media hora permaneció en esa posición, como si el Conocimiento Etéreo estuviera inundándolo de maravillosos y exaltados pensamientos en los que se develaban los secretos de su alma, colmando de luz su corazón. Luego abrió sosegadamente la boca y dijo, dirigiéndose a sí mismo:

"Soy de corta estatura, pero así eran Napoleón y Víctor Hugo. Tengo la frente angosta, pero así la tenían Sócrates y Spinoza. Soy calvo, pero así era Shakespeare. Mi nariz es larga y ganchuda, pero así eran las narices de Voltaire y George Washington. Tengo ojos hundidos, pero así los tenían el Apóstol Pablo y Nietzsche. Mis gruesos labios son similares a los de Luis XIV, y mi grueso cuello es exactamente igual al de Aníbal y al de Marco Antonio".

Después de una pausa momentánea, prosiguió:

"Mis orejas son largas, y podrían quedar bien en una cabeza de animal, pero Cervantes tenía justamente esa clase de orejas. Mis rasgos son protuberantes y mis mejillas hundidas, pero así eran la de Lafayete y Lincoln. Mi barbilla es huidiza como las de William Pitt y Goldsmith. Uno de mis hombros es más alto que el otro, pero así eran los hombros de Gambetta. Las palmas de mis manos son demasiado anchas, y mis dedos demasiado cortos, y en esto me asemejo a Eddington".

"Mi cuerpo es más bien descarnado, pero ésa es una característica común a todos los grandes pensadores. Es raro que no pueda ponerme a leer o escribir sin la cafetera a mi lado, como Balzac. Sobre todo, me inclino a asociarme con gente común, y en este aspecto me parezco a Tolstoi. Algunas veces ando tres o cuatro días sin lavarme las manos ni la cara. Lo mismo hacían Beethoven y Walt Whitman. Es común que use mi tiempo para descansar y escuchar la charla de las mujeres acerca de su conducta cuando sus maridos no están. Eso es exactamente lo que hacía Boccaccio. Mi sed de vino excede las de Marlow, Abi Novas y Noé, y mi glotonería supera las de Emir Basheer y Alejandro el Grande".

Después de otra pausa Salem Effandy se tocó la frente con la punta de sus dedos sucios y continuó:

"Éste soy yo, ésta es mi realidad. Poseo todas las cualidades de los grandes hombres que han existido desde el principio de la historia hasta el presente. Un joven con tales cualidades está destinado a obtener grandes logros. La esencia de la sabiduría estriba en tal autoconocimiento. De ahora en más comenzaré la gran obra para la que he sido designado por el Gran Pensamiento de este universo, que plantó en lo profundo de mi corazón ciertos elementos visibles. He acompañado grandes hombres desde el tiempo de Noé hasta Sócrates, desde Boccaccio hasta Ahmad Farris Shidyak. No sé con cuál acción grandiosa comenzaré, pero un hombre que ha unido en su yo místico y en su persona real todas estas cualidades místicas modeladas por las manos de los días y la inspiración de las noches es, sin duda, capaz de lograr grandes cosas... Me he conocido a mí mismo, sí, y la deidad me ha conocido. Que mi alma viva largo tiempo, y que largo tiempo viva yo. Que perdure por siempre el universo, para que yo pueda lograr mi propósito".

Y Salem Effandy, caminando de arriba abajo por el cuarto con su fea cara brillando de regocijo, repitió, con voz que sonaba como el maullido de un gato mezclado con el crujido de huesos, este verso de Abi'Al-Ala' Al Ma'arri:

> Aunque soy el último de mi época
> Produciré lo que los padres
> Fundadores no pudieron.

Y pronto nuestro amigo se durmió entre las desaliñadas sábanas de su sucio lecho, y su ronquido sonaba como el chirrido de la piedra de un molino.

Un mar más grande

Ayer –¡y cuán próximo y cuán distante está el ayer!– mi alma y yo fuimos al gran mar para lavar de nuestros cuerpos el tenaz cieno de la tierra.

Al llegar a la playa, buscamos un lugar apartado para escapar a los ojos de la gente. Y mientras caminábamos, vimos a un hombre sentado sobre una parda roca polvorienta; sus manos asían una bolsa de la cual extraía, de tanto en tanto, un puñado de sal que luego esparcía en el mar.

Y mi alma me dijo: –Este es un pesimista que nada ve en la vida, salvo la oscuridad. No es digno de contemplar nuestros cuerpos desnudos. Busquemos otro sitio.

Continuamos nuestra búsqueda hasta que llegamos a una caleta. Allá vimos a un hombre próximo a una roca blanca, que asía una pequeña caja tachonada de piedras preciosas. Cada tanto extraía un terrón de azúcar de la caja y lo arrojaba al mar.

Y mi alma me dijo: –Este es el optimista que busca lo imposible. Tampoco un hombre así es digno de contemplar nuestros cuerpos desnudos.

Y continuamos nuestra búsqueda hasta que nos encontramos con un hombre que, de pie en la playa, recogía pequeños peces muertos y los devolvía al mar.

Y mi alma me dijo: –Este es el tonto compasivo, que intenta devolver la vida a los muertos. Mantengámonos alejados de él.

Y continuamos hasta que vimos a un cuarto hombre en una laguna calma y poco profunda, colando la espuma de la superficie del agua y vertiéndola luego en un vaso de cornalina.

Y mi alma me dijo: –Éste es el idealista que hila sus prendas con la tela de araña. No tiene el privilegio de ver nuestros cuerpos desnudos.

Y reanudamos nuestro camino hasta que oímos una estentórea voz que decía: –Este es el profundo mar. Éste es el horrible gran mar.

Buscando el origen de la voz, descubrimos a un hombre parado de espaldas al agua. Había acercado a su oído un caracol marino y escuchaba el sonido del mar.

Y mi alma me dijo: –Partamos, pues este hombre es un escéptico que da la espalda a la totalidad que es incapaz de abarcar, y deja que lo guíe una minucia.

Y seguimos caminando hasta que vimos a un séptimo hombre que permanecía entre dos rocas con la cabeza enterrada en la arena.

Y me dije a mí mismo: –Oh, alma, bañémonos aquí, pues este hombre no nos puede ver.

Y mi alma sacudió la cabeza y me dijo: –No, y mil veces no. El hombre que ahora ves es el peor de todos. Es el hombre temeroso de Dios que se oculta de la tragedia de la vida, mientras que la vida oculta para él sus alegrías.

Entonces un profundo pesar surcó el rostro de mi alma, y me dijo con plañidera voz: –Dejemos estas playas, no hay intimidad aquí. No dejaré que el viento juegue con mis largos cabellos dorados, ni descubriré aquí mi blanco pecho. No me desvestiré ni permaneceré desnuda bajo la luz.

Y mi alma y yo dejamos ese gran mar y continuamos juntos en busca de un mar más grande.

El fez y la independencia

He leído recientemente un artículo de un erudito que protestaba acerca de la conducta de la tripulación de un vapor francés, en el que viajó desde Siria a Egipto. Se quejaba de que le hubieran hecho quitar, o mejor dicho, de que hubieran intentado hacerle quitar el fez mientras comía en su mesa.

Todos sabemos que los occidentales consideran que es buena educación comer con la cabeza descubierta. La protesta de nuestro erudito me sorprendió, porque enfatiza el apego de los orientales a ciertos actos simbólicos que, en su opinión, embellecen la vida diaria. Me chocó tanto como la vez en que un príncipe hindú rechazó mi invitación de ir a la ópera de Milán. Me dijo: "Si me hubiera invitado a visitar el Infierno del Dante, hubiera aceptado la invitación con placer, pero no a la ópera. No puedo sentarme en un lugar donde se me obliga a quitarme el turbante y donde se me prohíbe fumar".

Me complace que un oriental demuestre apego aunque sea a una sombra de la sombra de sus costumbres y tradiciones. Sin embargo, hay que considerar algunas verdades desagradables.

Si nuestro amigo erudito, quien se sintió agraviado por tener que quitarse el fez en un barco europeo, hubiera considerado la fabricación europea de su noble tocado, le hubiera resultado más sencillo quitárselo.

Sería mejor que tan independiente demanda de derechos, se reafirmara primeramente en la cultura e industria nacionales. Nuestro erudito podría haber recordado que sus antepasados sirios solían viajar a Egipto en barcos sirios, usando prendas hiladas, tejidas y confeccionadas por manos sirias. Sería mejor que él, también, usara ropas hechas en su país y navegara en un barco hecho y comandado por sirios.

La falla de nuestro erudito es haber protestado por los resultados haciendo caso omiso de las causas. Éste es el comportamiento de la mayoría de los orientales, que insisten en ser orientales sólo en los asuntos pequeños y fútiles, y alardean de cosas –ni pequeñas ni fútiles– que han aceptado de los occidentales.

A nuestro erudito y a todo el clan de los que usan fez, déjenme decirles: "Haced vuestro fez en vuestro propio taller, decidid luego lo que os gusta hacer con él cuando navegáis en un barco, o escaláis una montaña, o entráis en una cueva".

Pongo al cielo por testigo de que no escribo esto para iniciar discusión alguna sobre si el fez debe o no ser usado en cualquier ocasión. Tiene otros objetivos diferentes que la discusión acerca de la permanencia de un fez cualquiera sobre cualquier cabeza que corone cualquier trémulo cuerpo.

Assilban

Lugar: La casa de Yousif Mussirrah en Beirut.
Época: Una noche de primavera de 1901.
Personajes:
Paul Assilban, músico y escritor.
Yousif Mussirrah, escritor y erudito.
Helen Mussirrah, hermana de Yousif.
Salem Mowad, poeta y ejecutante de laúd.
Khalil Bey Tamer, funcionario del gobierno.

El telón se alza descubriendo un salón de la mansión de Yousif Mussirrah, un hermoso y espacioso cuarto sobre cuyas mesas abundan libros, revistas y diarios desparramados. Khalil Bey Tamer fuma en una pipa turca, Helen borda y Yousif Mussirrah fuma un cigarrillo.

Khalil *(Dirigiéndose a* Yousif*)*: Hoy leí tu artículo en el *Bellas Artes*, me gustó mucho. Si no fuera por el tono europeo, lo aclamaría como el mejor que he leído hasta ahora. Pero preveo que la influencia de la educación occidental es perniciosa.

Yousif: Puede que tengas razón, amigo mío, aunque tus actos contradicen tres puntos de vista. Te vistes con ropa europea, usas utensilios occidentales de cocina, y te sientas en sillas europeas. Más aún, dedicas más tiempo a la lectura de la literatura occidental que a la de los libros árabes.

Khalil: Ésos son hechos superficiales, no tienen conexión con la verdadera cultura.

Yousif: Sí, tienen una conexión vital y esencial. Si piensas con más detenimiento en ese tema, descubrirás que las artes reflejan e influencian las costumbres, los estilos, las tradiciones religiosas y sociales, todos los aspectos de nuestra vida.

Khalil: Soy oriental y seguiré siéndolo a pesar de mis ropas europeas. Es mi sincero deseo que la literatura árabe permanezca libre de influencias europeas.

Yousif: ¿Entonces, condenarás a la literatura árabe a la extinción?

Khalil: ¿Cómo es eso?

Yousif: Las antiguas culturas que no se revitalizan con la producción de la cultura moderna, están sentenciadas a la muerte intelectual.

Khalil: ¿Cómo lo pruebas?

Yousif: De mil maneras.

(En ese momento entran al cuarto Paul Assilban *y*

Salem Moward. *Todos se ponen de pie en señal de respeto.)*

Yousif: Bienvenidos a nuestro hogar, hermanos. *(Se dirige a Paul Assilban.)* Bienvenido, oh, ruiseñor de Siria.

(Helen mira a Paul, sus mejillas se sonrojan y su rostro muestra una expresión de regocijo.)

Salem: Por favor, Yousif, retira tus palabras de alabanza.

Yousif: ¿Por qué?

Salem *(Con burlona seriedad)*: Porque Paul ha hecho algo que no merece honores ni respeto. Se ha abandonado a un extraño estado de ánimo; es un loco.

Paul *(A Salem)*: ¿Es que acaso te he traído aquí para que te explayes acerca de mis defectos?

Helen: ¿Qué ha pasado Salem? ¿Qué nuevas imperfecciones has descubierto en Paul?

Salem: Ninguna nueva imperfección, sino una vieja llevada a un extremo tal que la hace parecer nueva.

Yousif: Cuéntanos qué ha sucedido.

Salem *(Hablándole a Paul)*: ¿Prefieres que sea yo quien lo diga, Paul, o deseas confesarlo tú mismo?

Paul: Preferiría que permanecieras silencioso como una tumba o mudo como el corazón de una mujer vieja.

Salem: Entonces hablaré.

Paul: Veo que estás decidido a arruinarnos la noche.

Salem: No, pero me gustaría contarles a nuestros amigos lo sucedido para que conozcan la clase de hombre que eres.

Helen *(Hablándole a* Salem*)*: Cuéntanos qué sucedió. *(Dirigiéndose a* Paul*)*. Tal vez el crimen que Salem desea revelarnos servirá tan sólo para demostrar tus virtudes, Paul.

Paul: No he cometido un crimen, ni accedido a virtud alguna; pero lo que nuestro amigo ansía discutir no merece ser mencionado. Por otra arte, no me agrada ser el objeto de discusiones estériles.

Helen: Bien, escuchemos la historia.

Salem *(Arma un cigarrillo y se sienta junto a* Yousif*)*: Sin duda se habrán enterado, caballeros, de la fiesta de bodas ofrecida por Jalal Pasha para celebrar el matrimonio de su hijo. Invitó a todos los notables de la ciudad, incluyendo a este bribón *(señalando a* Paul*)* y también a mí. La razón por la cual, yo fui invitado es la creencia general de que soy la sombra de Paul, y, además, Paul, bendito sea su corazón, se niega a cantar a menos que yo lo acompañe.

De acuerdo a los distinguidos hábitos de Paul, llegamos tarde. Allí encontramos al gobernador y al obispo, a las bellas damas y a los eruditos, a los poetas, a los ricachones y a los jefes.

Cuando nos sentamos entre los incensarios y las copas de vino, los invitados miraban a Paul con tanta intensidad como si fuera un ángel venido del cielo. Las bellas damas le ofrecían vino y flores, imitando el recibimiento que las mujeres atenienses ofrecían a los héroes que regresaban de la guerra.

En suma, nuestro Paul fue objeto de honores y respeto... Tomé el laúd y toqué un rato antes de que Paul abriera la boca para cantar un verso del poema de Al Farid. El público era todo oídos, como si El Moussoli hubiera regresado de la eternidad para susurrar en sus oídos un aire mágico y divino. De repente Paul dejó de cantar. El público pensó que continuaría luego de aclararse la garganta con un poco de vino. Pero Paul permaneció en silencio.

Paul: Detente, no sigas diciendo disparates. Estoy seguro de que a nuestros amigos no les interesa.

Yousif: Por favor, déjanos escuchar el resto.

Paul: Parecen preferir su charla a mi presencia. Adiós.

Helen *(Mira tiernamente a* Paul*)*: Siéntate, Paul; no importa cómo prosiga la historia, estamos todos de tu parte. *(Paul se sienta resignadamente.)*

Salem *(Continúa hablando)*: Dije que el pobre Paul había cantado un verso del poema de Al Farid y se había detenido. Eso equivalía a ofrecer a sus pobres y hambrientos oyentes un bocado de pan de la diosa, para luego derribar la mesa a puntapiés, rompiendo las jarras y los vasos. Allí estaba sentado, tan silencioso como la Esfinge sobre las arenas del Nilo. Las bellas damas se levantaban, una tras otra, a implorarle que cantara, pero él negó aduciendo que le dolía la garganta. Luego fueron los dignatarios quienes le suplicaron, pero Paul se mantuvo inconmovible, como si Dios hubiera convertido en piedra su corazón, y su arte en mera coquetería. Era pasada la medianoche cuando Jalal Pasha lo llamó aparte, puso en su mano una pila de dinares y le dijo: "Sin tu canto languidece el espíritu de la fiesta. Te ruego que aceptes este presente, no como recompensa, sino como una prueba de mi afecto y admiración por ti. No nos decepciones". Paul arrojó los dinares y dijo con el tono de un rey conquistador: "Me insultas. No he venido a venderme; he venido porque te quería desear felicidad". Jalal Pasha perdió el control, pronunció palabras groseras, ante lo cual nuestro sensible Paul abandonó la casa maldiciendo pesarosamente. Recogí mi laúd y lo seguí, dejando tras de mí a las bellas damas, y al vino y los manjares del banquete. Todo eso saqué en nombre de mi terco amigo, quien ni siquiera me ha agradecido o elogiado por mi devoción hacia él.

Yousif *(Riendo)*: Es realmente una historia interesante, digna de ser escrita en agujas sobre las pupilas de los ojos.

Salem: No he terminado. Aún falta la parte más interesante. Ningún narrador de cuentos, persa o hindú, ha inventado jamás un final tan diabólico.

Paul *(Dirigiéndose a* Helen*)*: Me quedaré por ti, pero, por favor, di a esta rana que deje de croar.

Helen: Déjalo hablar, Paul, te aseguro que todos estamos de tu parte.

Salem: *(Enciende otro cigarrillo y continúa)*: Abandonamos el hogar de Jalal Pasha; Paul maldecía a los ricos, y yo maldecía a Paul dentro de mi corazón. ¿Pero creéis que de la mansión de Jalal Pasha fuimos a casa? ¡Escuchad y maravillaos! Como todos saben, la casa de Habeeb Saadi es lindera con la de Jalal Pasha. Sólo las separa un pequeño jardín. A Habeeb le agrada cantar, beber y soñar, e idolatra a este ídolo (señalando a Paul). Cuando abandonamos la mansión de Pasha, Paul permaneció unos minutos en el medio de la calle restregándose la frente como un generalísimo planeando la campaña contra un reino rebelde. Luego, y en forma súbita, se dirigió a la casa de Habeeb y llamó a la puerta. Habeeb apareció en camisón, restregándose los ojos y bostezando. Al ver a Paul, y a mí con el laúd bajo el brazo, sus ojos resplandecieron de alegría, como si el cielo hubiera abierto sus puertas para traernos a él.

"¿Qué los trae por aquí a esta bendita hora?", nos dijo. Y Paul respondió: "Venimos a celebrar la fiesta de bodas del hijo de Jalal Pasha en tu casa". Y Habeeb replicó: "¿Acaso la casa de Pasha no es suficientemente grande para vosotros?". Y Paul respondió: "El hogar de Pasha no tiene verdaderos oídos para nuestra música y, por lo tanto, hemos venido a la tuya. Trae el arak y los aperitivos y no hagas preguntas".

Nos acomodamos confortablemente. Cuando Paul terminó su segunda copa, abrió todas las ventanas que daban a la casa de Jalal Pasha, me alcanzó el laúd y me dijo: "Éste es tu báculo, Moisés; conviértelo en una víbora y táñelo bien y largamente". Obedientemente, tomé el laúd y toqué. Paul volvió la cara hacia la casa de Pasha y cantó con toda la potencia de su voz.

(Salem hace una pausa, luego prosigue en tono más serio.)

Hace quince años que conozco a Paul. Fuimos juntos a la escuela. Lo he oído cantar cuando estaba triste, y cuando estaba feliz. Lo he oído gemir como una viuda despojada de su único hijo; lo he oído modular como un amante y cantar como un triunfador. Lo he oído en el silencio de la noche, entonando susurrantes melodías que encantaban a los durmientes. Lo he oído cantar en los valles del Líbano, al unísono con las distantes campanas de una iglesia, impregnando el espacio de magia y veneración. Mil veces lo he oído cantar, y pensé que conocía todo su poder. Pero anoche, cuando cantó frente a la casa de Pasha, me dije: "¡Cuán poco sabía de la vida de este hombre!" Ahora comienzo a comprenderlo. Antes sólo había oído cantar a su lengua, pero anoche oí cantar a su alma y a su corazón...

Paul cantó un verso tras otro. Sentí flotar sobre nuestras cabezas las almas de los amantes, susurrando, recordando el pasado distante, descubriendo lo que la noche había cubierto de las esperanzas y sueños de la humanidad. Sí, caballeros, este hombre (señalando a Paul) escaló anoche la escalera del arte hasta su peldaño más alto, y alcanzó las estrellas, y sólo el alba descendió a la tierra. Para entonces, había sometido a sus enemigos, haciendo de ellos un taburete para sus pies. Al oír su voz, los invitados de Pasha se agolparon en las ventanas, y algunos salieron a sentarse bajo los árboles del jardín; y la divina e intoxicante melodía que colmaba sus corazones, los hizo disculpar a este ídolo que los había vejado e insultado. Algunos lo aclamaban y elogiaban, mientras otros lo maldecían. Supe por los invitados que Jalal Pasha rugía como un león y caminaba por el vestíbulo de arriba abajo maldiciendo a Paul e injuriando a los invitados que habían abandonado el banquete para oírlo. Bien, ahora que habéis escuchado el final, ¿qué pensáis de este genio loco?

Yousif: No culpo a Paul, pues no me jacto de entender sus secretos e intenciones; sé que éste es un asunto personal que sólo a él concierne. Comprendo que el temperamento de un artista, especialmente un músico, es algo fuera de lo común. No es justo medir sus acciones con la misma vara. El artista, y por artista entiéndase a aquel que crea nuevas imágenes para expresar sus sentimientos e ideas, es un extraño entre su gente, y aun entre sus amigos. Mira al este cuando los otros miran al oeste. Lo que lo conmueve internamente, ni él mismo lo entiende. Se siente miserable entre los bullangueros, y feliz entre los melancólicos. Es débil entre los fuertes, y fuerte entre los débiles. Está por encima de la ley, le guste o no a la gente.

Khalil: El sentido de tus palabras, Yousif, no difiere del de tu artículo acerca de las bellas artes. Déjame que repita: "el espíritu europeo que tú defiendes será algún día nuestra ruina como pueblo y como nación".

Yousif: ¿Acaso atribuyes la conducta de Paul a esa influencia europea a la que tanto te opones?

Khalil: Me sorprende la actitud de Paul, a pesar del respeto que me inspira.

Yousif: ¿Es que acaso Paul no tiene el derecho y la libertad de hacer lo que le agrada con su música y su arte?

Khalil: Sí, teóricamente, tiene el derecho de hacer lo que le plazca; pero me parece que nuestro sistema social no aprueba esta clase de libertad. Nuestras inclinaciones, costumbres y tradiciones no permiten al individuo hacer lo que Paul hizo anoche sin hacerlo objeto de críticas.

Helen: Dado que el tema de este interesante debate está presente, ¿por qué no dejamos que hable? Estoy segura de que sabrá defenderse.

Paul *(Después de una pausa)*: Quisiera que Salem no hubiera comenzado esto. Lo que sucedió anoche es asunto concluido. Pero ya que soy objeto de críticas, como dijo Khalil, les diré lo que pienso sobre el tema.

Todos saben que he sido objeto de críticas durante largo tiempo. Acerca de mí han dicho que soy consentido y caprichoso, e indigno de honores. ¿Cuál puede ser la razón de tan acerba crítica? Es un ataque a algo de mi carácter que no puedo cambiar, y que no cambiaría aunque pudiera: mi independencia, que se niega a venderse o a ser seducida por la adulación. Hay en esta ciudad muchos músicos y cantantes; muchos poetas, críticos y eruditos; muchos mendigos y turibularios. Todos ellos venden su voz, su pensamiento y su conciencia por una moneda, una comida, una botella de vino. Nuestros ricachones y dignatarios compran por monedas a los artistas y eruditos, y los exhiben en sus mansiones como exhiben sus caballos y carruajes en las calles y los parques.

Sí, los cantantes y poetas de oriente son poco más que esclavos y turibularios. Se les pide que canten en las bodas, que peroren en los banquetes, que se lamenten en los funerales, y que panegiricen sobre las tumbas. Son como máquinas de expresar la dicha y el pesar. Si no se los necesita, estas máquinas son dejadas de lado como utensilios usados. No culpo a los ricos, culpo a los cantantes, poetas y eruditos que no se respetan a sí mismos. Los culpo por no menospreciar la mezquindad y la insignificancia. Los culpo por no preferir la muerte a la humillación.

Khalil *(Excitado)*: Pero anoche, el anfitrión y los invitados te rogaron que cantaras. ¿Cómo puedes decir que cantar fue una humillación para ti?

Paul: Si anoche hubiera podido cantar en la casa de Pasha, lo hubiera hecho de buena gana. Pero al mirar a mi alrededor pude ver tan sólo a los ricos, en cuyos oídos repican los ecos del dina todopoderoso, y cuya sabiduría de la vida consiste en elevarse a sí mismos a expensas de los demás. Gente así no puede diferenciar la poesía de los malos versos, la verdadera música del sonido de una cacerola. No crearé imágenes para los ciegos, ni emitiré sonidos de mi alma para los sordos.

La música es el lenguaje del espíritu. Su oculta corriente vibra entre el corazón del cantante y el alma del oyente. A aquellos que no pueden oír ni entender, el cantante no puede ofrecerles lo que encierra su corazón. La música es un violín de cuerdas tensas y sensibles. Si las cuerdas se aflojan, no pueden vibrar. Anoche se aflojaron las cuerdas de mi corazón cuando miré a los invitados de Pasha. No vi nada más que falsedad y vacuidad, estupidez y esterilidad, ostentación y arrogancia. Me rogaron que cantara porque les volví la espalda. Si me habría comportado como un mal cantante pago, nadie me hubiera escuchado.

Khalil *(Bromeando)*: Y sin embargo fuiste a la casa de Habeeb y por despecho cantaste desde medianoche hasta el alba.

Paul: Canté porque quería expresar el contenido de mi corazón e increpar a la noche, a la Vida y al Tiempo.

Sentía la imperiosa necesidad de tensar las cuerdas de mi alma, que se habían aflojado en la casa de Pasha.

Pero si crees que lo hice por despecho, eres libre de decirlo. El arte es un pájaro que se remonta libremente en el cielo o vaga dichosamente por la tierra. Nadie puede cambiar su conducta. El arte es un espíritu que no puede comprarse ni venderse. Nosotros los orientales debemos aprender esta verdad. Nuestros artistas –que son tan escasos como el azufre rojo– deberían respetarse a sí mismos, pues son copas colmadas de vino divino.

Yousif: Estoy de acuerdo contigo, Paul. Esto me ha enseñado algo nuevo, eres un verdadero artista, y yo sólo un admirador de las artes. La diferencia que existe entre nosotros es como la diferencia que existe entre el vino añejo y las uvas ácidas.

Salem: Aún no estoy convencido, y nunca lo estaré. Tu filosofía es una dolencia causada por la infección foránea.

Yousif: Si anoche hubieras oído cantar a Paul, no lo llamarías dolencia.

(En este momento entra una mucama y anuncia: "El refrigerio esta servido".)

Yousif *(Levantándose de su silla)*: El kanafe está listo, y es tan dulce como la voz de Paul.

(Todos se levantan. Yousif, Khalil *y* Salem *salen*

del vestíbulo. Paul y Helen se demoran e intercambian sonrisas amorosas y miradas ardientes.)

Helen *(Susurrando)*: ¿Sabes que anoche te oí cantar?

Paul: ¿Qué quieres decir, querida Helen?

Helen *(Avergonzada)*: Estaba en casa de mi hermana María cuando te oí. Pasé la noche con ella porque su esposo no estaba en la ciudad, y temía quedarse sola.

Paul: ¿Tu hermana vive en Pine Park?

Helen: No, vive frente a la casa de Habeeb.

Paul: ¿Y realmente me oíste cantar?

Helen: Sí, oí el llamado de tu alma desde medianoche hasta el alba. Oí a Dios hablando con tu voz.

Yousif *(Llama desde la habitación contigua)*: El kanafe se enfría.

(Helen y Paul salen del vestíbulo.)

TELÓN

Vuestro Líbano y el mío

Vosotros tenéis vuestro Líbano y yo tengo el mío. El vuestro es el Líbano político y sus problemas, el mío es el Líbano natural en toda su belleza. Vosotros tenéis vuestro Líbano con programas y conflictos. Yo tengo el mío con sus sueños y esperanzas.

Estáis satisfechos de vuestro Líbano, tal como yo me contento con el libre Líbano de mi visión.

Vuestro Líbano es un enmarañado nudo político que el Tiempo intenta desatar. Mi Líbano es una cadena de cumbres y montañas que se elevan reverentes y majestuosas, hacia el cielo azul.

Vuestro Líbano es un problema internacional aún por resolver.

Mi Líbano es los calmos valles encantados, murmurantes de campanas de iglesia y susurrante de arroyos.

Vuestro Líbano es una competencia entre un adversario del oeste y uno del sur. Mi Líbano es una alada plegaria que revolotea en la mañana cuando los pastores llevan a pastar sus rebaños, y de nuevo en el crepúsculo cuando los campesinos regresan de los campos y los viñedos.

Vuestro Líbano es un censo de cabezas incontables.

El mío es una serena montaña asentada entre el mar y la planicie, como un poeta entre una eternidad y otra.

Vuestro Líbano es un ardid del zorro que combate con la hiena, y una artimaña de la hiena que combate con el lobo.

Mi Líbano es una guirnalda de recuerdos de damiselas exultantes bajo la luz de la luna, y de vírgenes cantando entre la era y el lagar.

Vuestro Líbano es una partida de ajedrez entre un obispo y un general.

Mi Líbano es un templo en el cual mi alma encuentra asilo cuando se harta de esta civilización que se desliza sobre rechinantes ruedas.

Vuestro Líbano es dos hombres; uno que paga impuestos, y otro que los cobra. Mi Líbano es un hombre que reclina la cabeza sobre su brazo a la sombra de los Cedros Sagrados, ajeno a todo menos a Dios y a la luz del sol.

Vuestro Líbano es el comercio, los puertos, los correos.

El mío es una idea distante y un llameante afecto, y una palabra divina que la tierra susurra en el oído del espacio.

Vuestro Líbano es los delegados, empleados, directores.

Mi Líbano es el crecimiento de la juventud, la resolución de la madurez, y la sabiduría de la edad.

Vuestro Líbano es representantes y comités.

Mi Líbano es una reunión y una tertulia en torno al hogar en las noches de tempestad, cuando la oscuridad se mitiga con la pureza de la nieve.

Vuestro Líbano es sectas y partidos.

El mío es la juventud escalando rocosas cumbres, vadeando arroyos, errando por los campos.

Vuestro Líbano es discursos, conferencias y debates.

El mío es el canto del ruiseñor, el murmullo de las ramas en la arboleda, el eco de la flauta del pastor en los valles.

Vuestro Líbano es disfraces, e ideas prestadas, y engaños. El mío es la simple verdad desnuda.

Vuestro Líbano es leyes, reglas, documentos y papeles diplomáticos.

El mío está en contacto con los secretos de la vida, a los que inconscientemente conoce; mi Líbano es un anhelo que alcanza con su sensible punta el extremo más lejano de lo oculto, y cree que es un sueño.

Vuestro Líbano es un ceñudo anciano meciéndose la barba y pensando sólo en sí mismo.

Mi Líbano es un joven erecto como una torre, sonriente como el alba, y que piensa en los otros tanto como en sí mismo.

Vuestro Líbano aspira a separarse y a ser uno con Siria al mismo tiempo. Mi Líbano no se separa ni se une ni se expande ni se empequeñece. Vosotros tenéis vuestro Líbano y yo tengo el mío.

Vosotros tenéis vuestro Líbano y sus hijos, y yo tengo el mío y sus hijos. ¿Pero quiénes son los hijos de vuestro Líbano?

Dejadme que os muestre su realidad.

Son aquellos cuyas almas nacieron en los hospitales de Occidente, cuyas mentes se despertaron en el regazo de los avaros que representan el papel de generosos. Son como flexibles ramas que se mecen de izquierda a derecha Tiemblan del alba al atardecer, pero están ajenos a su temblor.

Son como un barco sin mástil ni timón abofetado por las olas. El escepticismo es su capitán, y su puerto una cueva de duendes; porque ¿no son acaso cuevas de duendes todas las capitales europeas?

Estos hijos del Líbano son fuertes y elocuentes entre ellos, pero mudos y débiles entre los europeos.

Son libres y ardientes reformadores, pero sólo en los periódicos y en la tarima. Croan como ranas y dicen: "Nos estamos librando de nuestro viejo enemigo", y su viejo enemigo está oculto dentro de su cuerpo.

Marchan en los cortejos fúnebres cantando al son de las trompetas, pero saludan con lamentos y rasgándose las vestiduras en la cabalgata de una boda.

No conocen otro hambre que el de los bolsillos. Si se encuentran con alguien cuyo hambre es espiritual, lo ridiculizan y se apartan de él diciendo: "No es más que un espectro caminando en un mundo de fantasma".

Son como esclavos que se consideran libres porque sus grilletes oxidados han sido reemplazados por otros relucientes.

Esos son los hijos de vuestro Líbano. ¿Es que hay alguien entre ellos tan firme como las rocas del Líbano, tan noble como las montañas del Líbano, tan puro y dulce como el agua del Líbano, tan limpio y fresco como la vigorizante brisa del Líbano?

¿Es que hay alguien entre ellos que pueda sostener que su vida ha sido una gota de la sangre de las venas del Líbano, o una lágrima de sus ojos, o una sonrisa de sus labios?

Esos son los hijos de vuestro Líbano. ¡Qué grandes son ante vuestros ojos y qué pequeños ante los míos!

Ahora dejadme que os muestre los hijos de mi Líbano:

Son los campesinos que convierten en huertas y jardines la tierra pedregosa. Son los pastores que guían sus rebaños de un valle a otro para que se reproduzcan y multipliquen, y ofreceros así su carne como alimento y su lana como vestimenta. Los hijos de mi Líbano son los viñateros que prensan la uva para hacer buen vino. Los padres que cultivan las moreras y las madres que hilan la seda.

Los esposos que cosechan el trigo y las esposas que juntan las gavillas.

Son los albañiles y los alfareros, los hilanderos y los que hacen los campanarios. Son los poetas y los cantantes que derraman su alma en nuevos versos.

Son aquellos que abandonaron el Líbano sin un centavo, para ir a otro país con el corazón henchido de entusiasmo y la resolución de regresar con las manos llenas de la prodigalidad de la tierra y la frente adornada con los laureles del triunfo.

Se adaptan a su nuevo medio y se los aprecia doquiera que vayan.

Éstos son los hijos de mi Líbano, inextinguibles antorchas, sal que no puede corromperse.

Caminan con firme paso hacia la verdad, la belleza y la perfección.

¿Qué es lo que vosotros dejaréis para el Líbano y sus hijos salvo fingimiento, falsedad y estupidez?

¿Creéis que el éter acopiará los espectros de la muerte y el aliento de las tumbas? ¿Imagináis que la vida oculta su cuerpo bajo harapos?

Realmente os digo que el brote del olivo que el aldeano plantó al pie de la montaña en el Líbano durará más que vuestros logros y acciones. Y que el arado de madera tirado por bueyes a través de las terrazas del Líbano es más glorioso que vuestras esperanzas y ambiciones.

A vosotros os digo, y que la conciencia del universo sea mi testigo, que la canción del hortelano en las laderas del Líbano es más valiosa que la cháchara de vuestros notables.

Recordad que vosotros no sois nada. Pero cuando descubráis vuestra pequeñez, mi aversión por vosotros se tornará en simpatía y afecto. Es una lástima que no entendáis.

Vosotros tenéis vuestro Líbano y yo tengo el mío.

Vosotros tenéis vuestro Líbano, y a sus hijos. Contentaos con él y con ellos, si las burbujas vacías os hacen felices. En cuanto a mí, me siento feliz y cómodo con mi Líbano, y de dulzura, satisfacción y calma, está hecha mi relación con Él.

La historia de la virgen

*Una flor que ninguna mano pudo tocar,
vivió y murió como una virgen.*

Como sus fuerzas eran superadas en número por el enemigo, el general no tuvo más opción que dar la siguiente orden:

"Para evitar pérdidas de vidas y municiones debemos retirarnos ordenadamente hasta una ciudad desconocida para el enemigo, para planear allí una nueva estrategia. Marcharemos a través del desierto, pues es mejor seguir esa ruta que caer en manos del enemigo. Pasaremos por conventos y monasterios que solamente ocuparemos para obtener alimentos y provisiones".

Las tropas no objetaron la orden, pues no veían otra alternativa para superar la crítica situación.

Durante días marcharon por el desierto sufriendo fatiga, calor, hambre y sed. Un día avistaron una imponente estructura que parecía una fortaleza. La puerta era semejante a la de una ciudad amurallada. Al verla, sus corazones se llenaron de alegría. Pensaron que era un convento, donde podrían descansar y obtener alimentos. Cuando abrieron la puerta, nadie salió a recibirlos durante un rato.

Luego apareció una dama cuyas negras vestiduras dejaban solamente el rostro descubierto.

Explicó al comandante que el lugar era un convento, y como tal debía ser tratado, y que ningún daño debía infligirse a las monjas. El general garantizó protección a las monjas, y pidió alimentos para sus tropas. Los hombres fueron atendidos en el espacioso jardín del convento.

El comandante era un hombre de alrededor de cuarenta años, vil y desenfrenado. Tenso y preocupado, deseaba solazarse con una mujer, y decidió violar a una monja. Así, la pérfida lujuria lo indujo a profanar aquel lugar sagrado donde las monjas se habían establecido para comulgar con Dios y enviarle sus incesantes plegarias, lejos del clamor de este mundo falso y corrupto.

Luego de tranquilizar a la Madre Superiora, el pérfido comandante trepó por una escalera que conducía a la habitación de una monja a la que había vislumbrado a través de una ventana. Los años de continua oración y solitario renunciamiento no habían podido borrar de su rostro inocente todos los vestigios de la femineidad. Había venido al convento para refugiarse del mundo pecador, y para adorar a Dios lejos de las distracciones mundanas.

Al entrar al cuarto, el criminal desenvainó su espada, amenazando con matarla si pedía ayuda.

Ella sonrió y permaneció en silencio, como si estuviera dispuesta a cumplir los deseos del comandante.

Luego lo miró y le dijo: –"Sentaos y descansad, parecéis cansado".

Se sentó cerca de ella, seguro de su presa. Y ella le dijo: –"Cómo os admiro, a vosotros los guerreros, pues no teméis arrojaros sobre el regazo de la muerte".

A lo que el tonto cobarde replicó: –"Las circunstancias nos obligan a hacer la guerra. Si los demás no me llamaran cobarde, huiría antes de acceder a comandar a un condenado ejército".

Ella sonrió y le dijo: –"¿Pero acaso no sabéis que en este sagrado lugar tenemos un ungüento que, frotando sobre el cuerpo, protege hasta de la estocada de la más filosa espada?".

–"¡Sorprendente! ¿Dónde está ese ungüento? Por cierto que lo usaré".

–"Bien, os daré un poco".

En una época en que la gente creía aún en tales supersticiones, el comandante no dudó de la sagrada hermana.

Ella destapó un pote y le mostró un ungüento blanco. Al verlo, el comandante comenzó a dudar. La monja tomó un poco y frotándose sobre el cuello, le dijo:

–"Si no me creéis, os lo probaré. Tomad vuestra espada y heridme en el cuello con toda vuestra fuerza".

El comandante vaciló, pero como ella lo instaba a que la hiriera, finalmente lo hizo.

Casi perdió el sentido al ver la cabeza de la monja que rodaba, separándose del cuerpo que se desplomó exánime. Comprendió entonces que había sido objeto de una artimaña, por medio de la cual la monja se había salvado de ser mancillada.

Ella estaba muerta... y el comandante sólo veía dos cosas ante él: el cadáver de la virgen y el pote del ungüento. Miraba fijamente ora el ungüento, ora el cuerpo decapitado. Entonces perdió la razón, abrió la puerta de un empellón y salió corriendo, empuñando la espada ensangrentada y gritando a viva voz a sus tropas: –"¡Apuraos, abandonemos este lugar!"

No cesó de correr hasta que lo alcanzaron algunos de sus hombres, quienes lo hallaron llorando como un niño asustado, diciendo: –"¡La he matado! ¡La he matado!"

Vuestro pensamiento y el mío

Vuestro pensamiento es un árbol profundamente arraigado en el suelo de la tradición y cuyas ramas crecen por el poder de la continuidad.

Mi pensamiento es una nube vagando en el espacio. Se convierte en gotas que, al caer, forman un arroyuelo que canta en su camino hacia el mar. Luego se eleva hacia el cielo hecho vapor.

Vuestro pensamiento es una fortaleza que ni el rayo ni el vendaval pueden sacudir. Mi pensamiento es una tierna hoja que se mece en todas direcciones, y que se deleita meciéndose.

Vuestro pensamiento es un antiguo dogma que no puede cambiarte, y al que tú tampoco puedes cambiar.

Mi pensamiento es nuevo y me pone a prueba, y yo a él, día y noche. Vosotros tenéis vuestro pensamiento, y yo el mío.

Vuestro pensamiento os permite creer en la desigual batalla del fuerte contra el débil, y los ardides que los astutos emplean contra los ingenuos.

Mi pensamiento crea en mí el deseo de trabajar la tierra con mi azada, y de cosechar con mi guadaña los granos, y de construir mi casa con piedra y argamasa, y de hilar mi atuendo con hebras de lino y lana.

Vuestro pensamiento os insta a casaros con la riqueza y la fama. El mío recomienda la seguridad en uno mismo.

Vuestro pensamiento aboga por la fama y la ostentación.

El mío me aconseja y me implora dejar de lado la notoriedad y tratarla como un grano de arena arrojado sobre la costa de la Eternidad.

Vuestro pensamiento infunde la arrogancia y la superioridad en vuestros corazones.

El mío siembra dentro de mí, el amor a la paz y el deseo de independencia. Vuestro pensamiento engendra sueños de palacios con moblaje de sándalo con incrustaciones de joyas, y lechos de hebras de seda entrelazada.

Mi pensamiento me habla suavemente al oído: "Sé limpio de cuerpo y espíritu, aunque no tengas dónde apoyar la cabeza".

Vuestro pensamiento os hace aspirar a títulos y cargos. El mío me exhorta a servir con humildad.

Vosotros tenéis vuestro pensamiento y yo el mío.

Vuestro pensamiento es la ciencia social, un diccionario de religión y política. El mío es un simple axioma.

Vuestro pensamiento habla de la mujer hermosa, de la fea, la virtuosa, la prostituta, la inteligente y la tonta.

El mío ve en todas las mujeres a la madre, la hermana o la hija de un hombre.

El tema de vuestros pensamientos son los ladrones, los criminales y los asesinos. El mío declara que los ladrones son los hijos del monopolio; los criminales, la progenie de los tiranos; y los asesinos, consanguíneos del asesinado.

Vuestro pensamiento describe leyes, cortes, jueces, castigos.

El mío explica que cuando el hombre crea una ley, la viola o la obedece. Si existe una ley básica, somos todos iguales ante ella. Aquel que desdeña al mezquino es mezquino también. Aquel que se jacta de menospreciar al pecador, se jacta de desdeñar a la humanidad toda.

Vuestro pensamiento concierne a los expertos, los artistas, los intelectuales, los filósofos, los sacerdotes.

El mío habla del amante y el afectuoso, del sincero, el honesto, el recto, el amable y el mártir.

Vuestro pensamiento propugna el Judaísmo, el Brahmanismo, el Budismo, el Cristianismo, el Islamismo.

En mi pensamiento sólo existe una religión universal cuyas variadas sendas no son sino los dedos de la amante mano del Ser Supremo.

En vuestros pensamientos existen los ricos, los pobres, y los empobrecidos.

Mi pensamiento sostiene que no existe otra riqueza que la vida; que todos somos mendigos, y que no existe benefactor alguno salvo la vida misma.

Vosotros tenéis vuestro pensamiento y yo el mío.

De acuerdo con vuestro pensamiento, la grandeza de las naciones radica en la política, los partidos, las conferencias, las alianzas y tratados.

Pero el mío proclama que la importancia de las naciones radica en el trabajo: el trabajo en el campo, el trabajo en los viñedos, el trabajo en el telar, el trabajo en la curtiembre, el trabajo en la cantera, el trabajo en el aserradero, el trabajo en la oficina y en la imprenta.

Vuestro pensamiento sostiene que la gloria de las naciones son sus héroes. Entona alabanzas a Ramsés, Alejandro, César, Aníbal y Napoleón.

Pero el mío alega que los verdaderos héroes son Confucio, Lao Tsé, Sócrates, Platón, Abi-Taleb, El Gazali, Jalal Ed-din-el-Roumy, Copérnico y Pasteur. Vuestro pensamiento ve la fuerza en los ejércitos, los cañones, los buques de guerra, los submarinos, los aviones, y el gas tóxico.

Pero el mío afirma que la fuerza radica en la razón, la determinación y la verdad. No importa cuánto tiempo resista un tirano, será finalmente, el perdedor.

Vuestro pensamiento diferencia al pragmático del idealista, a la parte del todo, al místico del materialista.

El mío descubre que la Vida es *una*, y que sus tablas, pesos y medidas no coinciden con vuestras tablas, pesos y medidas. Aquel que supones una idealista, puede ser un hombre práctico.

Vosotros tenéis vuestro pensamiento y yo tengo el mío.

Vuestro pensamiento se interesa por las ruinas y los museos, las momias y los objetos petrificados.

Pero el mío flota en la siempre renovada bruma y en las nubes.

Vuestro pensamiento se entroniza en el cerebro. Al enorgulleceros de eso, también lo glorificáis.

Mi pensamiento vagabundea por oscuros y distantes valles. Vuestro pensamiento hace sonar trompetas cuando danzáis. El mío prefiere la angustia de la muerte a vuestra música y vuestra danza. Vuestro pensamiento es el de las habladurías y los falsos placeres.

El mío es el pensamiento de aquel perdido en su propia tierra, extranjero en su propia nación, solitario entre sus parientes y amigos.

Vosotros tenéis vuestro pensamiento y yo tengo el mío.